東京大學史料編纂所編纂

# 大日本古記錄

中院一品記　上

岩波書店刊行

中院一品記 巻一
第一張（暦應元年七月五・六日條）

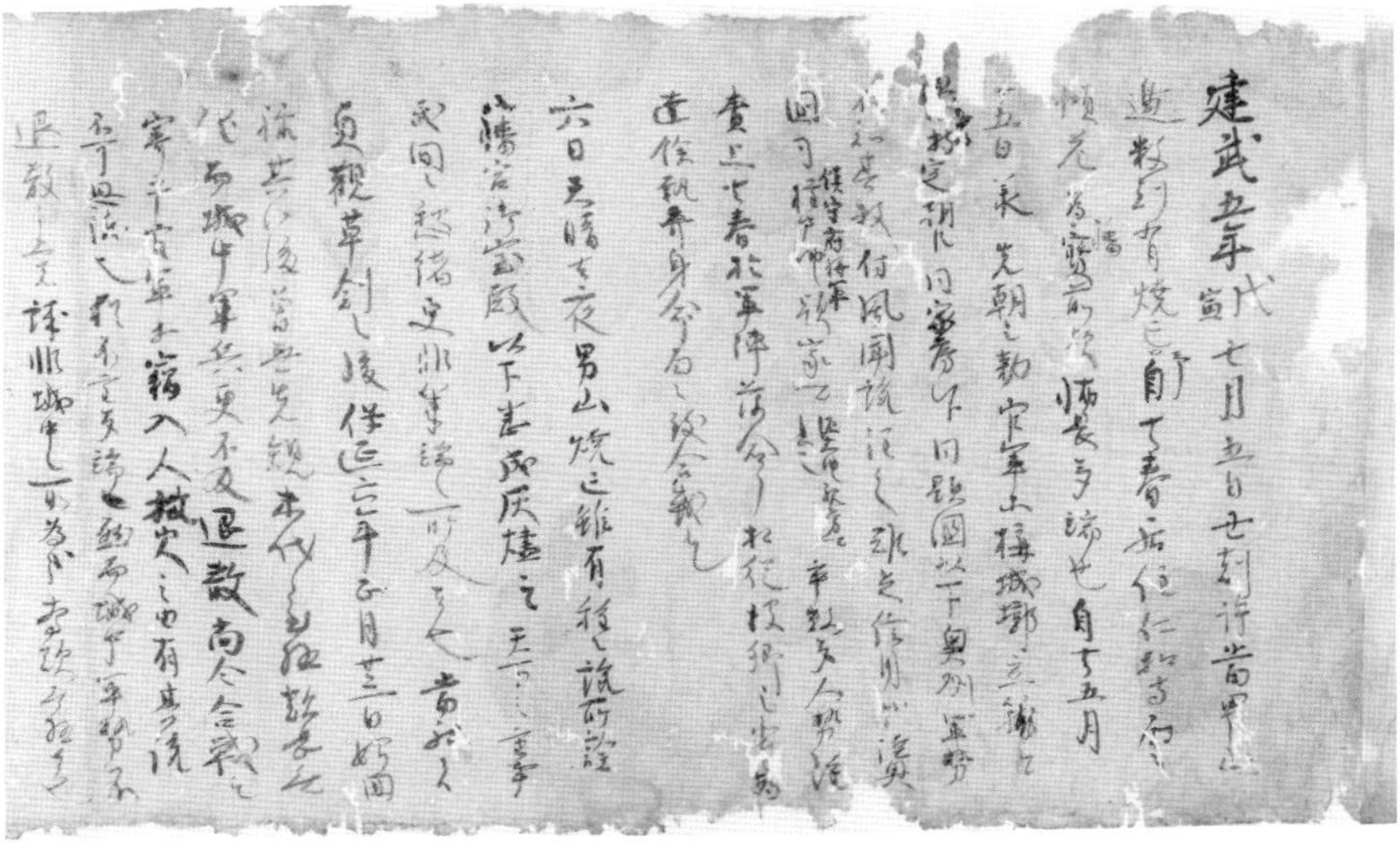

東京大學史料編纂所所藏 原寸 縦三二・七糎

中院一品記 巻二
第七張（暦應二年二月十八日條）

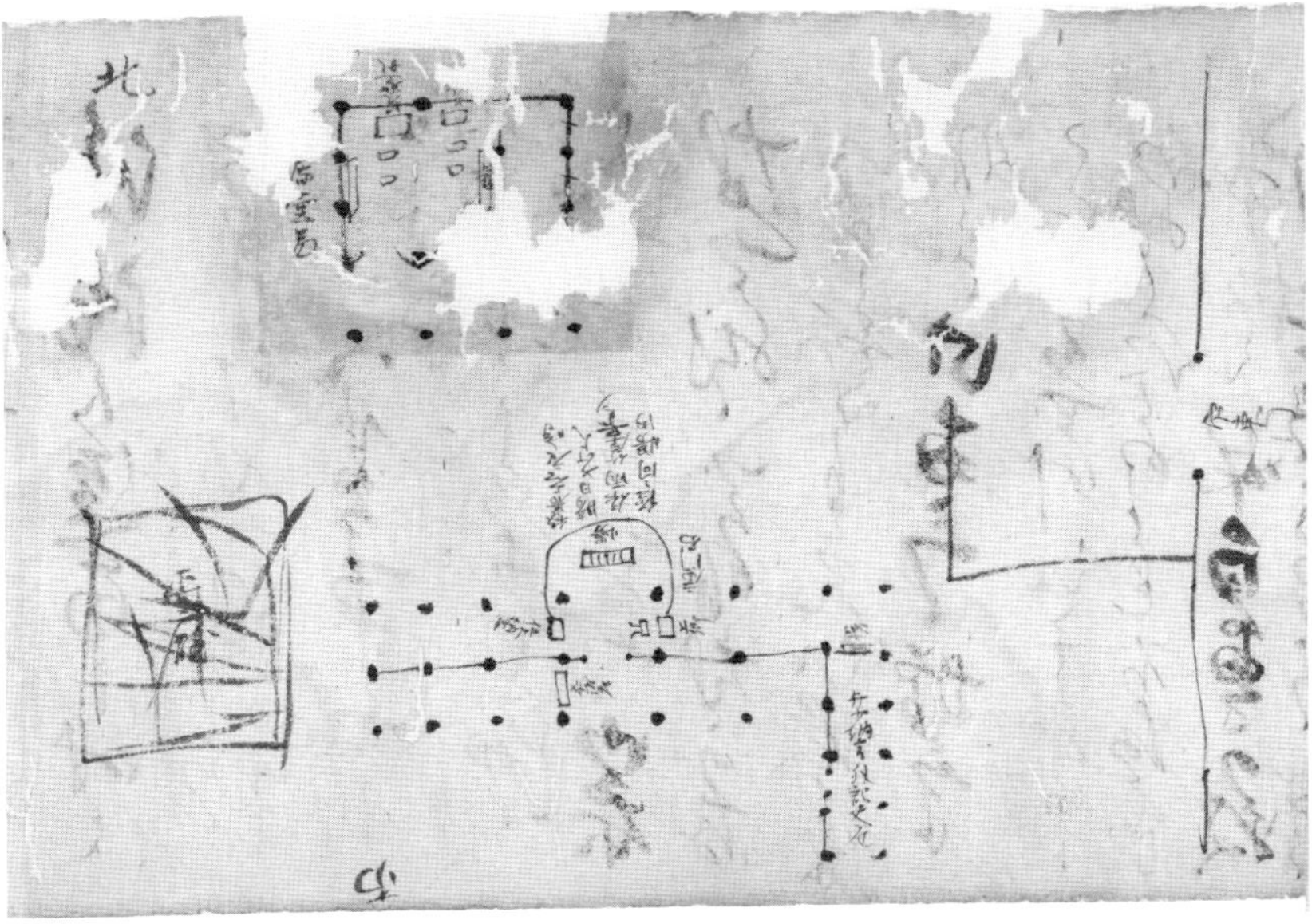

東京大學史料編纂所所藏 原寸 縦三一・八糎

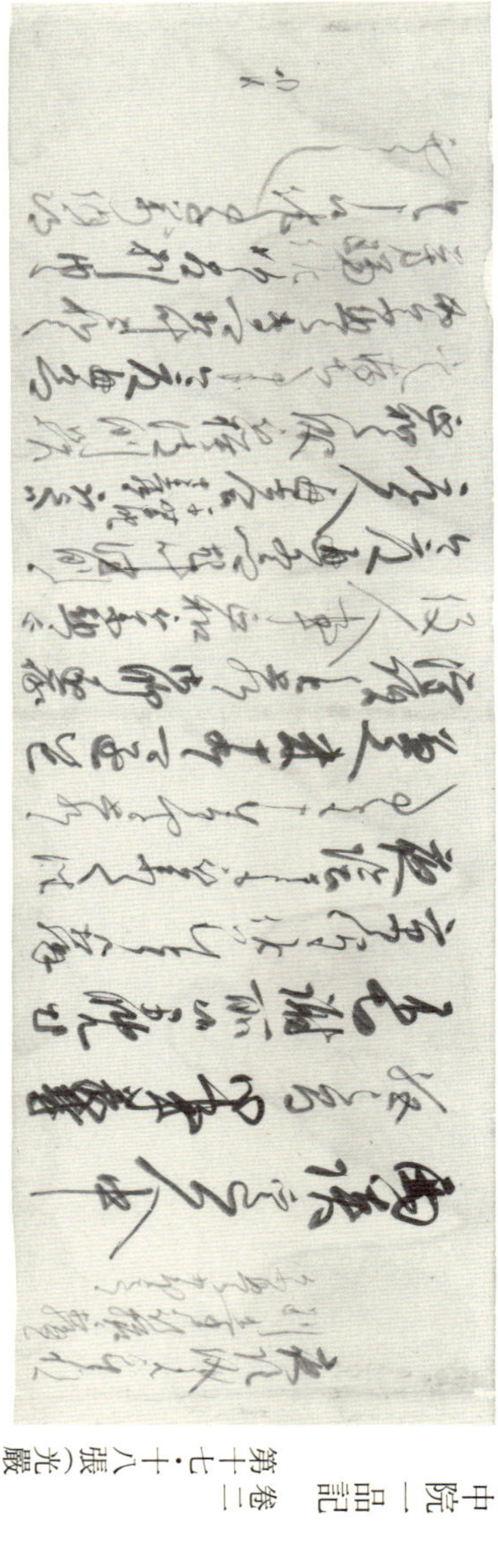

中院一品記　巻二
第十七・十八張（光厳上皇自筆書状）

東京大學史料編纂所所蔵
原寸縦三一・九糎

中院一品記断簡　第一張（暦応四年正月六日条）

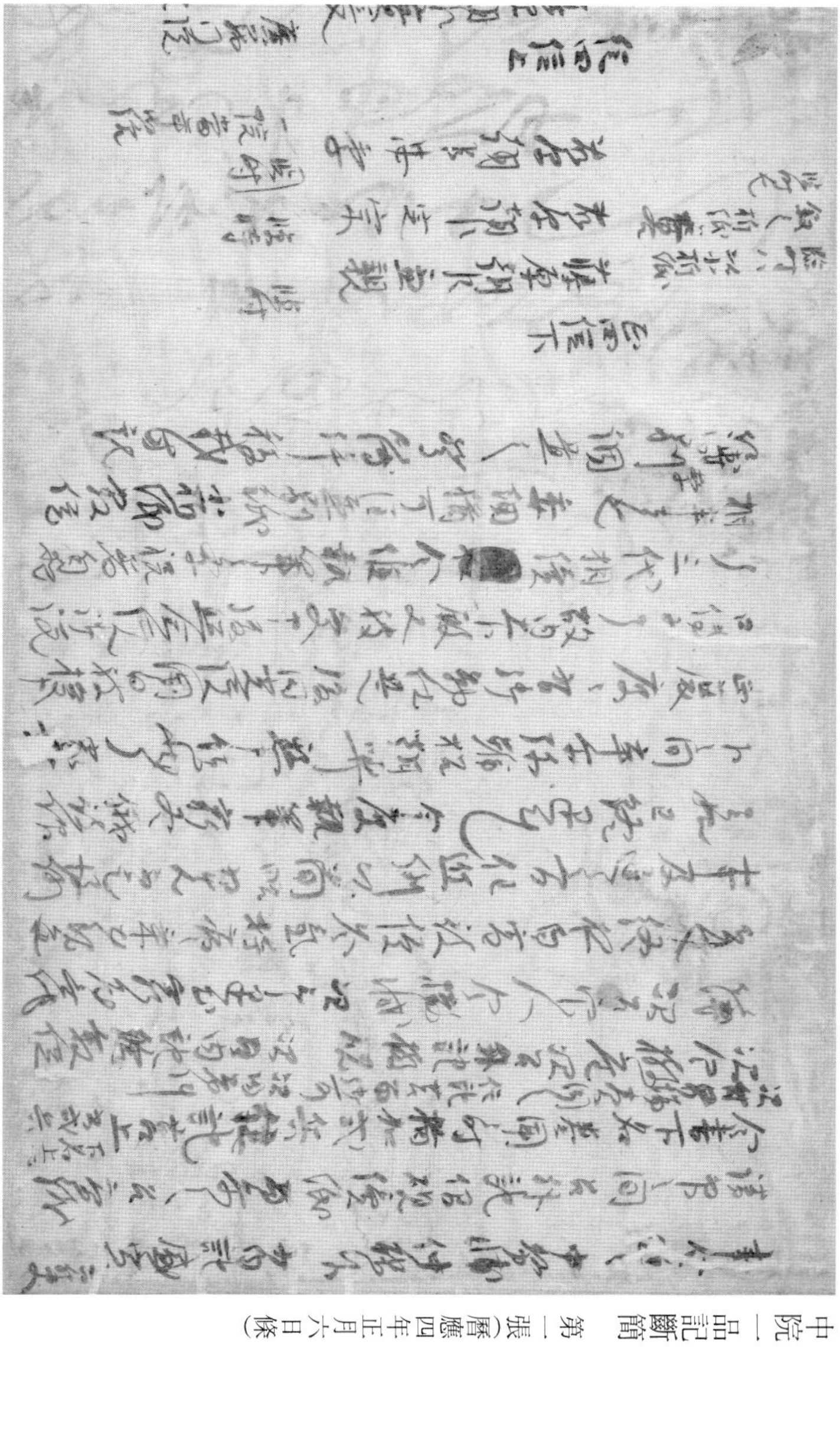

公益財団法人大和文華館所蔵　原寸縦三〇・五糎

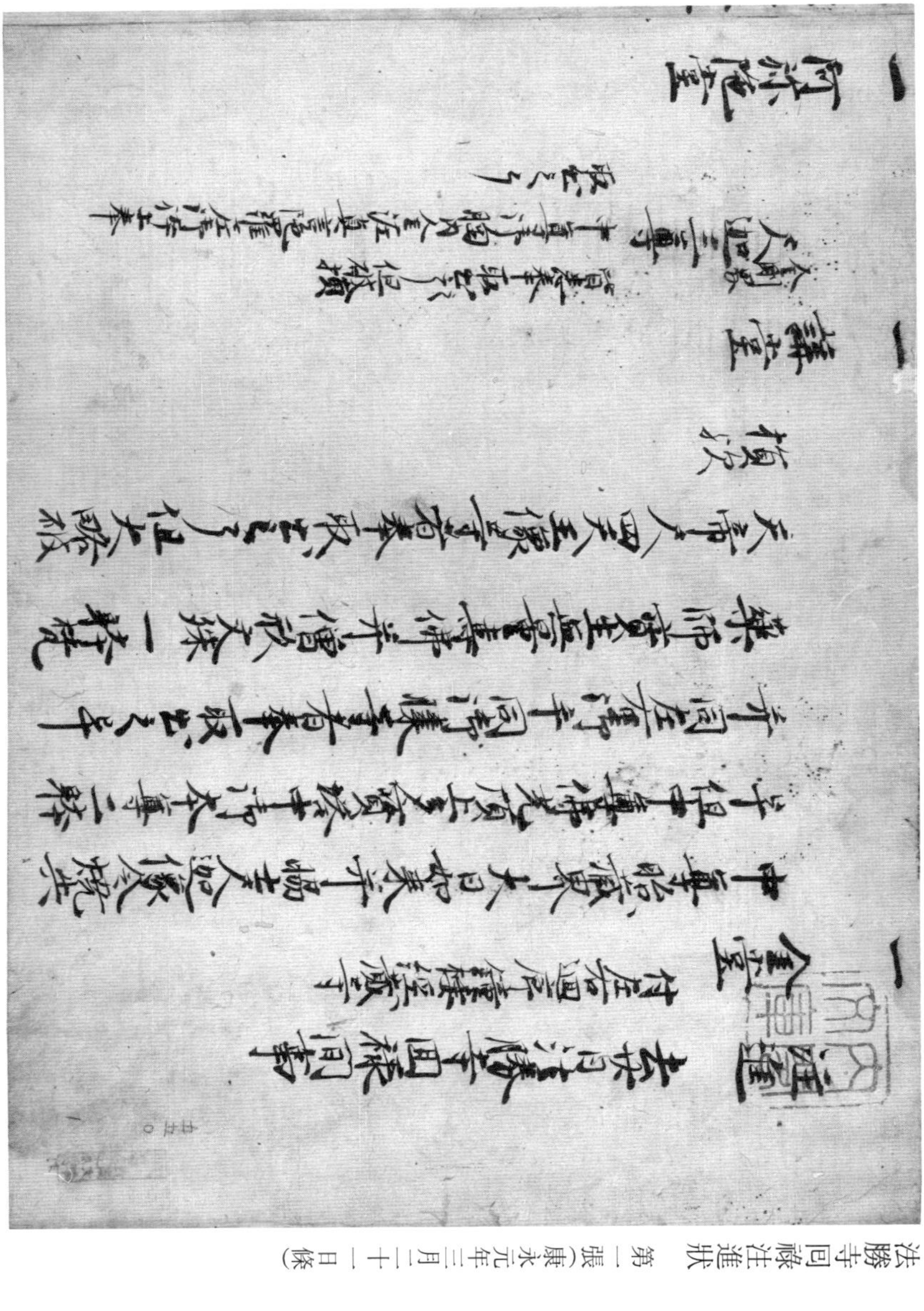

法勝寺同祿注進狀　第一張（康永元年三月二十一日條）

國立公文書館所藏　原寸縱三〇糎

# 例言

一、大日本古記録は、各時代に亘り、主要な日記その他の古記録を編纂刊行するものである。

一、本書は、權大納言中院通冬(正和四年〈一三一五〉生、貞治二年〈一三六三〉沒)の日記である。その呼稱には「通冬卿記」「中院一位殿御記」「中院一品記」等があるが、大日本古記録に收載するに當つては、現在最も通用する「中院一品記」の題名を用ゐた。

一、本書の記事が傳存する所は、建武三年(一三三六)に始まり、貞和五年(一三四九)に及ぶが、中間に闕失の年紀も存する。原本は、東京大學史料編纂所、國立公文書館、公益財團法人大和文華館、京都大學總合博物館にそれぞれ所藏されてゐる。本書の編纂に當つては、原本の存するものはすべて原本により、その存しない部分は、宮内廳書陵部・京都大學附屬圖書館・國立公文書館等所藏の寫本により、これを補つた。また原本の紙背文書は、各巻毎にその末尾に收載した。

一、本書の刊行は全二冊とし、その第一冊となる本冊には、建武三年二月より康永元年(一三四二)六月までを收めた。

一、本書の巻編成については、近世段階の原本狀況を傳へる東京大學史料編纂所所藏「當家代々御記目録」(「中院一品記目録」のうち、架番號S〇〇七三―一三―一四)に記された構成に從つてゐる。

一、解題・索引及び記主通冬の略系・略年譜ほか、參考に資する目録類等は、最終冊に附收する。

一、巻子本の張替りは、紙面の終はりに當る箇所に」を附して示し、且つ次の紙面の始めに當る部分の行頭に、その張附けを(1張)(2張)の如く標示した。また記事が紙面の終はりで段落してゐる場合には、」を行底に附した。

一、冊子本の丁替りは、各丁表裏の終はりに當る箇所に」を附して示し、且つ表裏の始めに當る箇所の行頭に、その丁附け及び表裏を(1オ)(1ウ)の如く標示した。また記事が表裏の終はりで段落してゐる場合には、」を行底に附した。

一、紙背文書については、その丁付けを(1ウ)(2ウ)の如く標示し、その前後に縦罫を插入して、區別を明示した。

一、原本の體裁は、努めてこれを存した。ただし斷簡・錯簡などは、適宜原態と推定される箇所に配した。紙背文書も、復元した料紙の配列に從ひ、底本ごとにまとめて收載した。また本文中に二行分以上の空白がある箇所については、(約何行分空白)と註記してゐる。

一、底本及び對校本に用ゐられてゐる古體・異體・略體等の文字は、概ね正字に改めたが、それらの中の主なものは次の通りである(括弧内は正字)。

莚(筵)　劔・剣(劍)　关(癸)　皷(鼓)　剋(刻)　鴈(雁)　糸(絲)　尓・尒(爾)　宂(衆)　条(條)　餝(飾)

軄(職)　声(聲)　夃(頭)　昼(晝)　早(畢)　仏(佛)　並(竝)　閇(閉)　礼(禮)

一、一部の古體・異體・略體等の文字については、そのまま存したが、それらの中の主なものは次の通りである(括弧内は正字)。

个(箇)　欤(歟)　号(號)　称(稱)　忩(怱)　挿(插)　躰(體)　着(著)　ホ(等)　弁(辨)　峯(峰)　万(萬)

弥(彌)　与(與)　乱(亂)

一、本文の用字が必ずしも正當でなくても、それらが當時通用し、かつ誤解を招く懼れの無い場合には、そのまま存し、傍注を施さなかつた。例へば次のやうなものである(括弧内が正當な用字)。

蜜(密)　比巴(琵琶)　警折・敬折(磬折)

一、校訂に當つて、本文中に讀點(、)と並列點(・)を加へた。

一、底本に缺損文字のある箇所には、概ねその字數を計つて□や[　]を挿入し、殘畫によつて文字が推定できる場合には、その文字を□の中に記入した。

一、抹消文字については、その字數を計つて▨を挿入した。判讀しうる場合には、抹消の樣態を問はず、その左傍に〻を附し、或いは「　」で括りその旨を傍注した。

一、文字の上に文字を重ね書きした箇所については、上に書かれた文字を本文として採り、その左傍に、下の文字に相當する數の・を附し、且つ判讀し得る限り、×を冠してそれらの文字を傍注した。例へば、「云々」の上に「也」を重ね書きした箇所は、「也」(×云〻)として示した。

一、本文中の、⌝及び⌟や。(挿入位置)等の符號により、文字や記事の移動を示してゐる箇所についても、努めてその形を存した。但し、組版の都合により符號の向きを改めた箇所がある。

一、字間・行間の補書等は、「　」で括り、その旨を註記した。組版の都合上、かうした空間がとれない場合等には、本來書き入れるべき箇所に＊のみを附し(複數個ある場合には、＊および配列を示す數字)、當該日條の末尾(紙背文書においては當該文書の末尾)に、＊(補書)等の傍注を附して「　」で括つて示した。

一、對校本により補つた文字は、［　］で括り、その傍に補入に用ゐた寫本の符號(例へば㋒)を附し、［㋒　］のやうに示した。同様に校訂を施した場合は、對象となる文字列の傍に〔　〕で括つて示し、用ゐた寫本の符號(例へば㋒)を附し、〔㋒〕のやうに示した。

一、校訂者の加へた文字には、すべて〔　〕又は(　)を附し、或いは○を冠して本文と區別しうるようにした。先の二種の括弧のうち、前者は本文の文字の校訂のために用ゐ、後者はそれ以外の、參考又は説明のための註に用ゐた。

一、散らし書きの文書の場合、奥から袖へ、或ひは下段から上段へといつた具合に、紙面上の異なる位置に筆が進む箇所には／を用ゐて、これを示した。

一、原本竝に寫本に、日條の記載が闕失してゐる箇所については、『中院通冬日記目錄』(京都大學附屬圖書館他所藏)の記述に從つて補つてゐる。

一、人名・地名等は、原則として、毎月その初出の箇所に傍注を施し、讀者の便宜に供した。

一、上部欄外に、本文中の主要な事項その他を標記した。

一、各年記の年首部分の上部欄外に、その年の記主の年齢・身分等を簡單に掲示した。

一、本册の編纂に用ゐた諸本は、次の通りである。

宮內廳書陵部所藏改元部類記(寫本、三條西本、四一五―二七八、册子)

東京大學史料編纂所所藏中院一品記卷一(原本、S〇〇七三―一三―一、巻子)

京都大學附屬圖書館所藏中院通冬記（寫本、中院／Ⅱ／三一、冊子、符號㋖）
京都大學附屬圖書館所藏中院通冬記裏書文書（寫本、中院／Ⅱ／三二、冊子、符號㋒）
東京大學史料編纂所所藏中院一品記卷二（原本、Ｓ〇〇七三―一三―二、卷子）
東京大學史料編纂所所藏中院一品記卷三（原本、Ｓ〇〇七三―一三―三、卷子）
東京大學史料編纂所所藏中院一品記卷四（原本、Ｓ〇〇七三―一三―四、卷子）
東京大學史料編纂所所藏中院一品記卷五（原本、Ｓ〇〇七三―一三―五、卷子）
東京大學史料編纂所所藏中院一品記卷六（原本、Ｓ〇〇七三―一三―六、卷子）
公益財團法人大和文華館所藏中院一品記斷簡（原本、洞院公賢書狀、雙柏文庫七一）
國立公文書館所藏中院一品記（寫本、二冊本、一六二―〇一六三、冊子、符號㊁）
國立公文書館所藏中院一品記（寫本、一冊本、一六二―〇一六二、冊子、符號㋑）
神田喜一郎氏舊藏中院一品記斷簡紙背文書（原本、洞院公賢書狀、東京大學史料編纂所所藏臺紙付寫眞七七八―九六四四）
東京大學史料編纂所所藏中院一品記卷七（原本、Ｓ〇〇七三―一三―七、卷子）
京都大學總合博物館所藏中院一品記斷簡（原本、中院文書五〇一號・四九九號・五〇三號）
國立公文書館所藏康永改元記（原本、古〇三四―〇五八二）
國立公文書館所藏法勝寺回祿注進狀（原本、古〇三三―〇五五〇、卷子）

一、本册の編纂に當り、宮內廳書陵部、京都大學附屬圖書館、公益財團法人大和文華館、國立公文書館、京都大學總合博物館等は、それぞれ原本及び寫本の閲覽につき特別の便宜を與へられた。記して感謝の意を表する。

平成三十年六月

東京大學　史料編纂所

# 目次

## 圖版

一、中院一品記　卷一（原本）　第一張（暦應元年七月五日・六日條）

一、中院一品記　卷二（原本）　第七張（暦應二年二月十八日條、釋奠指圖）

一、中院一品記　卷二（原本）　第十七張・第十八張（暦應二年五月十八日條、光嚴上皇自筆書狀）

一、中院一品記斷簡（原本）　第一張（暦應四年正月六日條）

一、法勝寺回祿注進狀（原本）　第一張（康永元年三月二十一日條）

# 中院一品通冬卿記

通冬本年二十二歳、正三位、参議、左近衛中將、美作權守

書陵部所藏改元部類記

(22オ)

改元定竝ニ縣召除目アリ

建武三年二月廿九日、陰晴不定、臨夜陰降雨甚、今日改元定幷縣召除目被始行、以大膳大夫經季朝(中御門)臣爲奉行、兩事被相催之間、申領狀、仍申刻許着束帶、蒔繪細太刀、無文帶、依爲警固中、持弓負壺、巻纓ホ如常、隨身一人召具之、壺垂袴、　駕毛車

年號ノ字ニ就キ沙汰ス

參　内、(後醍醐天皇)花山院入道(家定)右府第也、於中御門東洞院下車、入四足門、公卿ホ少〻參集、面〻有年号。(字)沙汰、勘文内可然之号頗希欤、右府(洞院公賢)幷惟繼(平)卿ホ祗候御前、内〻有其沙汰云〻、了、酉刻計、堀川宰(亞)相(具親)參、招光吉(高倉光守カ、下同ジ)暫被談話、

改元不審ニ就キ談ズ

今度改元不審、建武不吉何事哉、凶徒(足利尊氏)雖乱入京都、忽令敗北之後漢光武時有此号、其間兩三年有兵革、然至卅一年不改其号欤、光吉」申其事候之由了、此事惟繼卿十九日於或所參會之時、相語曰、改

平惟繼改元ノ不適ナルヲ奏ス

(22ウ)

元事於御前被仰下候間、非不吉候欤、自被付此号之時、可有兵乱之條、勿論之旨申入了、今改元令參差欤(別筆)「旨欤、」之間申入之處、於陣座可申此意見之由被仰下云〻、枉其段者難治候、可進勘文之旨被　宣

惟繼ニ不審ヲ申スベカラザル旨仰アリ

下候之上者、爭可申入子細候由令申處、只可申之旨被仰候之間、聊可出詞之由、雜談之次被告示、而自御前退出候時、招予曰、先日之事不可出詞之旨又有仰云〻、右府同被示其故者、民庶謳歌改元、凡儀又改民之聽許欤、天下不受建武之上者、不可及子細之由被示云〻、

改元定

亥斜諸卿着陣座、

參仕ノ人々

(23オ)

右大臣公賢公、・中宮大夫具親卿、・三條大納言實忠卿、・侍從中納言公明(九條)卿、・押小路前中納言惟繼卿、・德大寺中納言公清公、着端座、・。下官・六條宰相中將有光卿、・葉室宰相、長光卿、春宮權大夫實世(洞院)卿、爲左衞門督之間、負壺持弓、卷纓・老懸等如常、・右大弁宰相清忠(坊門)卿、・

上卿着奧座、職事來上卿後、下年号勘文、上卿向直座上披見、次第見下之、其儀、解紙捻、引拔懸紙、取勘文披見、其後如元卷之處、以紙捻結之、葉室相公見了欲返、右大弁取直笏伺上卿氣色、

(約三行分空白)

」

○暦應元年秋冬記ハ、東京大學史料編纂所所藏原本卷一ヲ以テ底本トシ、京都大學附屬圖書館所藏寫本（符號㋖）ノ內ヲ以テ捕フ

通冬本年二十四歳、正三位、十月十九日任權中納言

史料編纂所所藏原本卷一

（原表紙打付書）
「建武五年秋冬」

男山ニ火アリ

通冬去春ヨリ仁和寺ニ寓居ス

奥州ヨリ攻上リタル勢男山ニ城郭ヲ構フ

石清水八幡宮戰禍ニヨリ灰燼トナル

久我長通ヨリ同宮執行ノ注進狀ヲ送ラル

（1張）建武五年戊寅、七月五日、丑刻許當男山邊數刻有燒亡、。予自去春居住仁和寺、面々傾危、爲。八幡寶前欤、怖畏多端也、自去五月廿五日承　先朝（後醍醐天皇）之勅、官軍ホ構城墎立籠云々、源（冷泉）中將、持定朝臣・同家房朝臣（冷泉）・同顯（春日）國以下奥州軍勢不知其數、付風聞說注之、難足信用哉、陸奥國司鎮守府將軍、權中納言顯家卿（北畠）源大納言親（北畠）房卿息也、率數多人勢雖責上、去春於軍陣落命（マヽ）了（本年五月二十二日沒）、相從彼卿之輩爲達餘執、棄身命面々致合戰云々、

六日、天晴、去夜男山燒亡、雖有種々說、所詮八幡宮御寶殿以下悉成灰燼云々、天下之重事、民間之愁緖、更非筆端之所及者也、當社者貞觀（二年四月三日）草創之後、保延六年正月廿三日始囘祿、其以後曾無先規、末代之至極歎息無他、而城中軍兵更不及退散、尚令合戰云々、寄手官軍ホ竊入人、放火之由有其說、（2張）不可思議也、猶不審多端也、然而城中軍勢不」退散之上者、誠非城中之所爲哉、驚歎無極者也、

（約七行分空白）

七日、家君（中院通顯、通冬父）被遣御狀於久我前右府（長通）許、八幡宮事ホ被仰之處、執行（覺延）注進被進之、仍續加之、・（×猶）希代之重事、・猶（×也）不知手足之所措者也、」

長通書状

(3張)〇正文ヲ貼繼グ、

八幡宮囘祿事、凡無申限候、天下老若有情輩誰不愁歎哉、心中可有賢察候、委細事社務通清法印只(4張)今」注送候之間、一紙令書寫進候也、其後久不申承候之處、御札殊爲悅千万併期面謁候、恐〻謹言、

(別筆)「建武五戊寅、」
七月七日　　〇久我 長通

(切封墨引)」

覺延注進状

(5張)〇別筆ノ寫ヲ貼繼グ、

(端裏書)「□[執]行覺延注進記」

石清水八幡宮囘祿次第 六日辰刻・記之、

社司等御神體他ヲ搬出ス

七月五日、丑刻、自馬場殿火出現、即寶殿之巽角燒付畢、此時當番御殿司重延參中御前、奉抱御躰於舞殿、交替同番幸兼、執行覺延參西御前、奉出御躰畢、重延又參東御前、奉出御躰於東鳥居下、交替良幸畢、覺延・良幸・幸兼三人奉入御躰於護國寺畢、次外殿中御前御躰者、朝祐奉出之、交替賢重入寺、賢重奉入護國寺畢、若宮・若宮殿御躰五師玄勝奉出之、其外御正躰等府生・大夫已下仕丁・巫女便宜之輩、面〻奉出之、正印者源春五師奉出之、武内御躰同御出也、未注役人、次大御鉾七本者宮守未能記名字、奉出之、一本者仕丁未記名字、奉出之、次一御輿者自元奉莊之間、老若之社僧奉出之、夜程者奉

炎上ニ際シ怪異アリ

居大塔、[夜]□奉居護國寺禮堂畢、其外小神殿・經藏二宇無所殘炎上畢、寶前炎上之間、三个度

御鳴動、又若宮・若宮殿燒失之時、赤色之光明三个度分雲、細長上給畢、寶前燒給後、於御殿之燒跡、
辻風六七个度也、諸人皆驚耳目畢矣、」

石清水八幡宮ニ構ヘタル城郭攻落サル（6張）

十一日、八幡城沒落了、寄手軍勢不存知云〻、其後有燒亡、後聞、軍勢令怖畏之餘、山上諸坊ホニ（×付）放
火云〻、比興之進退也、

廢朝

十四日、傳聞、自今日至十八日廢朝云〻、保延度自翌朝五个日被　宣下了、今度每事無沙汰、言語
道斷事也、」

相傳知行ノ上野國ヲ返付セラル（7張）

廿日、天晴、此間武家知行國衙「ホ」（補書）如舊可爲公家御沙汰之旨　奏聞之由、自或武邊內〻告示之間、其內上野國在之云〻、
付、按察中納言（勸修寺經顯）「ホ」（補書）菊第前右府兼季公（今出川）、上野國事家君被申之處、晩陰入夜　院宣（光嚴上皇）到來、當國自土御門大納言通方（中院）、殿五
代相續重任之國也、而先御代國家草創之後、不可有相傳之由、及其沙汰之間、連〻雖被歎申、替地
事如形被進之、終不被返付之處、今度及此沙汰、自愛無極者也、

光嚴上皇院宣

院宣案、
上野國（×上野國）可令知行給之由、
院御氣色所候也、經顯恐惶謹言、
曆應元年七月

建武五年七月廿日　按察使經顯判

進上　三條坊門殿(通顯)

勸修寺經顯ヨリ昇進ヲ示サル

家君御所望以前及其沙汰云ミ、就其爲按察中納言可召進使者之由被仰下、被遣之處、通冬昇進事可有其沙汰、就其大理事、正慶(實ハ元弘元年十月五日)令拜任了、近日曾無其人、必可申領狀之由、被仰下之間、於昇進者畏此事、

上野國ハ關東推擧ノ地ナリ

秀治ニ國務代官ヲ命ズ

(8張)入候、於顯職者不諧、旁難義(儀)非一之由申入了、當國代ミ」關東吹擧之地也、▨代ミ被仰當家重任異他者也、眼代被仰秀治了、秀長法師多年令(×給)知行、而依(有)不法事ホ、先年(蒙御勘氣)被召放、被宛行秀貞了、其後種ミ歎申之間、孫秀治致奉公之間、悔先非致奉公之間、被宛行歟、父秀賢法師當時隱居、如法畏申入也、

(約二行分空白)

父通顯光嚴上皇ニ上野國返付ヲ謝ス

廿四日、家君入夜御參　仙洞、如法內ミ儀也、國事故「爲」(補書)被畏申也、

通冬廳官職ヲ宛行ハル

廿五日、及晩御歸家、今日當國(×少ミ)上分所ミ人給ホ鄉ミ有御沙汰、予祗候御前、予分廳官職也、「依」(補書)貧窮隱居之靑侍ホ少ミ出現也、

南御方著帶ス

未刻許、今日南御方(家君御妹、中院通重女、通冬叔母)御着帶也、禪林寺宮(康仁親王)前春宮、御鐘愛歟、卽被祗候、御帶加持眞光院僧正坊、(通冬叔父)成助、使事爲內ミ儀之上、近日難出來之間、被略之、家君御出京之間(×後)、予申御返事、長櫃一合、敷廣筵、退紅仕(9張)丁二人舁之、」廣蓋ニ入御帶、以白薄樣裹之、平裹如例、

上皇瘧ヲ病ム

御祈アリ

廿五日、此間院御瘧病云ミ、今日御發日也、後聞、常住院(常)(×淨)道照(昭)僧正候御驗者、無爲御落居云ミ、倖

經顯驗者ヲ召返シ勸賞ヲ仰ス

祿御劍幷薄衣一領・御馬一疋、〈貢馬云々、〉參仕公卿、久我前右府〈長通公、〉・按察中納言〈經顯卿、〉・日野中納言資明卿〈柳原〉、・大宮中納言隆蔭卿〈油小路〉、ホ云々、御驗者給祿退出之後、又更召歸、按察中納言仰勸賞可依請之由、〈×云々〉其時公卿ホ送御驗者、是文永後嵯峨院之時如此云々、按察卿頻申行、日野黃門令確執之由有其聞、誠召返御驗者之條、可謂不吉歟、〈×一〉縱雖有一代之例、難令指南歟、天下以外口遊也、又執權〈經顯〉着布衣仰勸賞之條、頗無先規歟、人々傾危云々、以傳說注之、

驗者ヲ召返スハ不吉ナリ

冷泉定親等石清水八幡宮ヲ實檢ス

廿六日、右中[弁]定親〈冷泉〉・左大史小槻匡遠〈壬生〉ホ參向八幡宮加實檢云々、保延度卽有其沙汰也、

「閏七月」〈附箋、別筆〉「閏七月御記無之、空紙二枚被殘、然而開卷有其煩之間切取了、」〈別筆〉

」

「八月」〈別筆〉

(10張)

(約二行分空白)

足利尊氏征夷大將軍ニ補セラレ正二位ニ敍セラル

十二日、去夜除□□□□征夷將軍源尊氏〈足利〉、〇正二位源尊氏、源顯家〈北畠〉追討賞、從四位上源直義、權大納言源〈尊氏〉朝臣源義貞〈新田〉追討賞讓、左兵衞督源直義、上卿右衞門督〈×日野中納言〉資明〈柳原〉、參議重資卿〈庭田〉、後聞、將軍載　奏任別紙云々、上古有其沙汰事也、

」

益仁親王立太子節會

(12張)(11張)

十三日、今夜立太子節會、院第一皇子、〈益仁親王、ノチノ崇光天皇〉傅道教公〈九條〉、大夫□□卿〈冬信㊄〉〈大炊御門〉、權大夫實尹卿〈今出川〉云々、」其儀可尋[記]、

立坊事[方]々[御][競]望云々、

改元
建武ヲ改メ暦應ト爲ス

（13張）廿八日、改元定、改建武五年爲暦應元年、

參陣ノ公卿

參陣公卿、

右大臣道教公、・□□〔堀河大キ〕納言具親卿、・徳大寺中納言公清卿、・□□〔右衛門キ〕督□〔資〕明、・三條宰相實治、・六條宰相中納言有□〔光〕・葉室宰相長光、・右兵衛督實夏〔洞院〕、「〔補書〕ホ云〻、」

勘文讀進幷發言實夏卿勤仕之、

條事定

同日條事定、

續文讀進有光卿、

（14張）「〔端裏書、別筆〕年号勘文案」

菅原長員年號勘文

勘申

年號事、

天保

第十六、中庸、禮記曰、嘉樂君子、憲憲令德、宜民宜人、受祿于天、保佑命之、自天申之、故大德者必受命、

寛裕

第九、洛誥、尚書注曰、天下被寛裕之政、則我民無遠用來、

齊萬
第七、周易注曰、位所以一天下之動、而齊万物也、

應觀
第八、周易注曰、行其吉事、則獲嘉祥之應觀、其象事則知制器之方玩、其占事則覩方來之驗之也、

右依　宣旨勘申如件、

建武五年八月　日　　正三位行式部大輔菅原朝臣長員

日野行氏年號勘文

勘申

年号事、

天觀
第十四、尚書正義曰、(×日)天觀人所爲以授命、

長嘉
第三、論語注疏曰、元者善之長也、嘉□(美)也、言天能通萬物使物嘉美會聚、

康安
第十九、毛詩曰、自彼成康有、四方正義曰康安也、

(15張)右依*1　宣旨勘申如件、

曆應元年八月

従三位藤原朝臣行氏（日野）

菅原公時年號勘文

勘申

年號事、

建安

晉書云、建久安於万載、垂長世於無窮、

文安

尚書曰、欽明文思安安、

天休

尚書曰、各守爾典以承天休、注曰、守其常法承天承道、

右依　宣旨勘申如件、

建武五年八月廿二日　従三位行勘解由長官菅原朝臣公時

藤原家倫年號勘文

勘申

年号事、

文明

周易曰、文明以健、中正而應、君子正也、

嘉慶

毛詩〔日脱〕署嘉慶禎祥先來見也、

養壽

（16張）

文選曰、頕〔頤〕性養壽、

右依　宣旨勘申如件、

文章博士藤原朝臣家倫

藤原房範年號勘文

勘申

年号事、

天觀

尚書正義曰、天觀人所爲以授命、

文安

晉書曰、尊文安漢社稷、

脩〔修〕文殿御覽曰、放勳欽明文思安安、

顯應

曆應元年八月

後漢書曰、公卿百官以帝威徳懐遠祥物顯應、乃竝集朝堂奉觴上壽、

右　　　　　　文章博士藤原朝臣房範

公時年號勘文奏聞ノ後勘文ヲ取替フ

勘申　付職事奏聞之後、申出先度此勘文、取替此勘文云〻、未無先例云〻、

*2　年号事、

(17張)

*3　天貞

周易曰、王候得一以爲天下貞、

暦應

帝王代記云、堯時有草、夾階而生、王者以是占暦、應和而生、

寛安

毛詩注疏曰、行寛安之意、其下効〔效〕之、

右依　宣旨勘申如件、

建武五年八月廿三日　　従三位行勘解由長官菅原朝臣公時

*1（端裏、別筆）「六十三」

通冬權中納言ニ任ゼラル

南御方難産ニヨリ没ス
通冬輕服
大嘗會出仕ニ障無シ
清暑堂御神樂笙勤仕ヲ所望スルモ撰ニ漏ル
依テ出仕セズ
院拍子合アリ

＊2（奥裏、別筆）
「六十三」
＊3（端裏、別筆）
「六十五」

（18張）
暦應元年

十月

廿日、去夜除書披見之處、

權大納言藤原公清（德大寺）　權中納言源通冬（中院）

左近大將藤、良基兼（二條）　右大將源具親兼（堀川）

自餘雜任以下略之、予納言事無相違條、令自愛者也、

（約二行分空白）

」

十一月

（19張）
七日、南御方（中院通重女、通冬叔母）依難産終逝去了、悲歎無比類者也、予爲輕服、而大嘗會辰日以後出仕、其例繁多也、依之、實夏卿（洞院）姑關白經通公（一條）北政所（綸子、洞院公賢女）近日被逝去、然而可參清暑堂云〻、予構得者可存知、旁不具之間拜賀不定也、清暑堂御神樂御遊笙事、□爲譜代出其望之處、冷泉大納言（洞院公泰）就上首号被入御點、無面目之間、今度出現强雖不可依此事、不及出仕也、」

（20張）
十五日、後聞、院拍子合也、

清暑堂御神樂拍子合所作人交名

清暑堂御神樂拍子合所作人

本拍子　二條前中納言資親卿、

末拍子　洞院中納言實守卿、

付歌　（二條）資兼朝臣　（綾小路）敦有　（中御門）宗重

和琴　春宮大夫（大炊御門）冬信、

笛　右兵衞督實夏、

篳篥　前右衞門督（楊梅）兼高、

御遊

笙　冷泉大納言（×實）公泰卿、

比巴　春宮權大夫（今出川）實尹卿、

箏　內大臣（鷹司）師平公、

已日、

清暑堂御神樂御遊所作人追可記、

但不相替歟、　笙冷泉也、

（21張）○二十一張ヨリ二十四張マデ正文ヲ貼繼グ、モト折紙、

「（通冬筆、下同ジ）今日標山也於中御門先度彼山日落云〻、可尋實說、」

廻立殿行幸散状

「暦應元年十一月十九日卯、」

廻立殿行幸

前行

右大臣「(九條)道教公、」

小忌

春宮大夫「冬信卿、」　大宮中納言「(油小路)隆蔭卿、」

綾小路宰相「(庭田)重資卿、(×朝臣)」

大忌

左大將「(二條)良基卿、」　春宮權大夫「實尹卿、」

別當「(柳原)資明卿、權中納言、右衞門督、」　松殿宰相中將「忠冬卿、」

次將

左

(飛鳥井)雅宗朝臣　資兼朝臣

(中山)定宗朝臣　(鷹司)宗雅朝臣

(八條)實興　(冷泉)清實

右

(持明院)家藤朝臣　(白河)伊俊朝臣

(一條)公富朝臣　(坊門)家清朝臣

(室町)雅朝朝臣　(白川)資英朝臣〇以下折裏、

(烏丸)定氏

左衞門府

坂上明宗　中原章倫

右衞門府

(高階)泰成　中原章弼

左兵衞府

(柳原)宗光

右兵衞府

(山科)教言

弁

(冷泉)定親朝臣　(平)親名
少納言
(安居院)行兼　(平)惟清
大藏輔
(勘解由小路)兼言朝臣
宮内輔
(和氣)益成朝臣
掃部寮
中原師香
職事
(三條)實繼朝臣　行兼
宗光　(東坊城)菅原長綱
(高辻)同長衡　源盛房
」

辰日節會散狀(22張)
「(通冬筆、下同ジ)曆應元年十一月廿日」
辰日節會

公卿

右大臣　　春宮大夫

徳大寺大納言「公清、」　　春宮權大夫

（勸修寺）
按察中納言「經顯、」　　大宮中納言

三條宰相「實治、」　　（正親町）洞院宰相中將「公蔭、」

松殿宰相中將「忠冬、」　　葉室宰相「長光、」

綾小路宰相「重資、」

次將

左

雅宗朝臣　　宗雅朝臣

（一條）
公村朝臣　　實興

右

（松殿）
忠嗣朝臣　　家藤朝臣

伊俊朝臣　　雅朝〻臣

資英朝臣　○以下折裏、

少納言

行兼　　　　成棟（平）

弁

定親朝臣　　　親名

巳日節會散狀（23張）

「暦應元年十一月廿一日」（通冬筆、下同ジ）

巳日節會

公卿

右大臣「道敎、」　　内大臣「師平、」

洞院大納言「公泰、」　　春宮大夫「冬信、」

春宮權大夫「實尹、」　　洞院中納言「實守、」

大宮中納言「隆蔭、」　　三條宰相「實治、」

洞院宰相中將「公蔭、」　　松殿宰相中將「忠冬、」

右兵衞督「實夏、」　　綾小路宰相「重資、」

次將

左

雅宗朝臣　　　資兼朝臣

定宗朝臣　　宗雅朝臣
公村朝臣
右
伊俊朝臣　　資持朝臣（楊梅）
雅朝朝臣　　資英朝臣
少納言○以下折裏、
行兼　　成棟
弁
定親朝臣　　親名

小忌公卿
「今度小忌公卿、
春宮大夫冬信、　綾小路宰相重資、
主基揷頭後、小忌公卿列可爲北上東面欤之處、如外弁參列、北面列立之間、內弁下殿之後、依令諷
諫、立直列、追委可尋註也、」

豐明節會散狀（24張）
（通冬筆、下同ジ）「曆應元年十一月廿二日午日、」
豐明節會

公卿
右大臣　春宮大夫
左大將　春宮權大夫
按察中納言　別當「資明、」
大宮中納言　洞院宰相中將
葉室宰相　松殿宰相中將
右兵衞督　綾小路宰相
少納言
成棟　行兼
弁
定親朝臣　(吉田)國俊朝臣
親名○以下折裏、
次將
左
雅宗朝臣　資兼朝臣

宗俊朝臣　公村朝臣

右

忠嗣朝臣　公富朝臣

資英朝臣　定宗朝臣

雅朝〻臣」

十二月

(25張)

昨夜小除目アリ

二日、去夜有小除目云〻、

権大納言藤原(西園寺)公重　権中納言同(一條)公有

参議藤原(三條)實繼　自餘略之、

辭退

参議源(六條)有光　自餘〻〻

六條有光觸穢ナルモ大嘗會官司行幸ニ出仕ス

失現ズ

依リテ現任ヲ解却セラル

有光卿令混合觸穢之處、先日爲大嘗會行幸官司之時、令供奉、勤劍璽役處、於官司打落璽筥云〻、希代之珍事也、(〻先)頗先代未聞之(〻也)恠異也、不信之至不可說云〻、「依」(補書)此事被解却見任云〻、彼穢者南御方於彼宿所被逝去、(康仁親王)禪林寺宮御同宿有光卿之故也、

今出川兼季所勞ニヨリ出家ス

十二日、今夜菊第前右府(今出川)兼季公、遂出家素懐云〻、依所勞也、

（約三行分空白）

石清水八幡宮遷宮拜賀ヲ遂ゲザルニヨリ參仕セズ

(26張)十四日、今日八幡遷宮也、上卿右大將具親(堀川)云々、予可參行之由、雖被仰下、期日以前難申拜賀之間、申子細了、雖非上卿爲氏社事之上者、尤可參向之處生涯之遺恨也、▨久我前右府(長通)密々參向云々、今度彼公大略令奉行歟、

石清水八幡宮放生會

遷宮遲滯シ同日ニ行ハル

十五日、今日被行放生會、上卿同昨日、兩日之儀必可尋記也、後聞、昨日遷宮及遲々、今日放生會以前有遷宮事云々、兩事同日被行云々、

（約三行分空白）

萬機旬追行

任權中納言ノ拜賀ヲ遂グ

三條坊門邸ハ足利直義ニ讓ル

仁和寺ヨリ善心宿所ニ移ル

毛車ヲ久我長通ヨリ借ル

路次ノ次第

(27張)曆應元年十二月廿九日、天晴、今日万機旬也、下官去十月十九日任權中納言之間、以次申拜賀、三條坊門宿所、當時[左]兵衛督直義朝臣(足利)居住之間、移住仁和寺眞光院僧正(成助、通冬叔父)矢庫房、依爲遼遠、家君(中院通顯、通冬父)同御出京了、自昨日渡安居院甲斐入道善心屋了、申刻許着束帶、蒔繪細大刀、無文帶、紫緂(×紺地)平緒、拜賀之日、雖可用螺鈿劒・有文帶、公事日通用之同日、以公事爲先、故如此、範賢(高倉)入道[御]所御裝束師也、來奉仕之、毛車自兼日借請久我前右府長通公、用之、於門外乘車、淸顯(藤原)獻榻、如木雜色傳之、時茂(高階)褰簾、此間雜色稱警蹕、拜賀之故也、路次々第、先前駈笠持二人前行、次前駈二人、爲先下﨟、大夫將監高階(×高)時茂、大夫將監藤原淸顯、次[車]、車副二人取綱、下簾懸之、參議・散三位之時、不懸之、牛童持榻在車後右、黃金物榻、自久我借送、拜賀時爲祝着代々被用黃金物之由被示之、退紅仕丁持雨皮、當家張筵

装束御抄

雨皮ヲ中ニ籠テ十文字ニカラク、其子細見装束御抄、在車後左、笠持在其後、着白張、如木雜色一人在車後、平禮檻結也、或平禮下結、然時沓韈、刷時之儀、

(28張)二人雖召具、毎」事不具之間略儀也、侍作衞府、召具事、先〻間有沙汰、今度申談久我前右府之處、
當家納言之時、强不召具侍、參議・散三位之時、必可召具云〻、仍令略了、

參院ス

拜舞

先參　仙洞、持明院殿、於中門下舞踏、申次事、依爲執權相觸按察中納言經顯(勸修寺)卿之處、近日院司難得、直
可相語之旨示送之間、諸人雖令相觸、爲元三出仕經營之間固辭、仍無申次、先　院(光嚴上皇)御方拜、舞踏、
廣義門院(西園寺寧子)、舞踏、依爲國母也、春宮御方(益仁親王、ノチノ崇光天皇)二拜、宣政門院(懽子內親王)二拜、其後令堂上申入御方〻、(×了)退出、旬如法被忩

尋デ參內ス
奏慶

云〻、仍卽參　內(光明天皇)、土御門殿、陽德(媄子內親王)門院御所也、於殿上屛門前無名門代、留立、申次藏人大內記菅原長綱(東坊城)兼日可令与奪由相觸頭弁(中御門宣明)、出逢、
予聊小揖、相揖歸入、又歸出相揖、仰聞食之由也、予又答揖、予云、。昇殿拜可通用、之旨仍長綱卽歸出仰之、今度者一

拜舞
殿上ニ著ス

度出逢也、則拜舞、其後入無名門代、着殿上、中間於沓脫下揖、故實也、爲無怖畏也、暫着之後、經本路歸出、卽可遂着

史遲參ニヨリ
著陣ヲ遂ゲズ

(29張)陣之間、陣具欤之由相尋之處、六位史未參云〻、仍先自中門」堂。上、(冷泉)定親朝臣左中弁、可候爲申文祗候之由▨兼日相觸、示
之然而史遲參之間相待、已及秉燭不參、奇怪〻〻、上卿已被參之間、刻限可計會、仍期後日者也、於

公卿著陣

小板敷邊、三條宰相(×左)(實治)・右武衞(洞院實夏)亦暫言談了、關白一條經通公、被參候大盤所、右府(九條道教)此際被着陣、三條宰相・右
武衞同着陣、內裏西禮也、

萬機旬散狀

散狀　公卿

右大臣道教公、　左大将(二條)良基卿、　花山院中納言長定卿、

予　大宮中納言(油小路)隆蔭、但不參、於　仙洞參會之時、着束帶、然而不參、今夜大嘗會女敍位入眼之間、期其時歟、予再三雖被相催申子細了、

三條宰相實治卿、　右兵衛督實夏卿、

實繼朝臣

出居次將

資兼朝臣二條中將、

同侍從

左中弁、
定親朝臣

少納言　今日職事一人之外不候、比興也、於旬儀者邂逅之公事、人不知禮之故歟、

(平)成棟

弁

(30張)頭弁、(×臣)宣明朝臣奉行、左大弁、　但不參、顯藤(五條)

陣儀ニ參仕セズ

左大將・予・實繼未着陣之間、儲立中門邊、任例有官奏之儀歟、宣明候申文云々、陣儀不見及之間、不能記、右府入軒廊、南向立、六位史(高橋)俊春、挿文杖於文、文自前進、先規自後進、然而無其所之故歟、昇西階模東階、立簀子敬折伺天氣、主上令目給歟、大臣稱唯、高聲、了北行、經出居床子座前、副北東行、

跪御帳奉文歟、其儀不見及、又進給文結申之儀如例、自出居座後密々見物了、右府歸着陣、次出居次將資兼朝臣昇(自)自西階着床子、

公卿著座

次諸卿漸進立庭中、(次第堂上、)。仍予着靴進入中門軒廊傍南(×西)欄、(階其所狹之間、其形許、)(先右足、)經簀子着兀子、(先揖、自座下引直裾、着之、)次第着座、

御膳ヲ供ズルニ數刻ヲ要ス

次出居侍從定親朝臣着座、經數刻不供御臺盤、人々不審、此間三條宰相早出、頃之供御臺盤、陪膳采女留候、此間出居將召內豎、〔豎、下同ジ〕(二音喚聲、如內弁、)內豎參進歟、出居將御飯《ヲモノ》給へ、內豎ホ立臣下臺盤、四尺二脚、(先々四脚、御所狹少之間、無其所、)八尺一脚、出居前四尺二脚、各置箸匕、」(31張)次供四種、(ホ也)給臣下、內豎役之、下器渡儀不見、次供索餠、給臣下、出居將候氣色、大臣候天氣、御箸鳴、臣下々箸、(不立匕、右府挿笏歟、尻下、其後寄懸大盤、)次供䲛羹、(便撤索餠歟、)次供御飯、給臣下、(便撤索餠、)出居次將每度下殿催之、(×夜)而不供御汁物之以前、持臣下汁物內豎之間、暫追留、(參議ホ)其後供御𥻘〔菜〕・御汁物歟(×也)、給臣下、出居候氣色、大臣候天氣、御箸鳴、臣下應、(先匕、次箸、)公卿ホ撤索餠之時、可取笏之處、無其儀、予・右武衞・實繼朝臣ホ取之、此箸時上卿更取笏候天氣、次供一獻、給臣下、酒番二人取空盞幷瓶子、自前進勸之、酒番諸家諸大夫勸之、▨而大臣幷。(己)主君ニハ跪勸之、而一同不跪、爲誰人家人哉、追可尋、(×記)未練之至歟、

早出シ長通邸ニ參ル

此間實夏卿拔箸・匕退出、次予同早出、(自座上右廻也、)經本路下殿、今夜依▨拜賀、(有存旨之間、)改向久我前右府第、於門前下車、入中門着公卿座、(自公卿座上、)頃之右府出座、烏帽子直衣、(下絬、)暫言談、故來臨之條本意之由被示之、

長通具平親王相傳ノ笏ヲ貸與セザル故ヲ述ブ

(32張)

先日。中書王(具平親王)御笏事」示給之處、不借進之條遺恨、▨但代々拜賀之時、持件笏之處、叔父通嗣(久我)卿拜賀之時、後深草法(×院)皇御代、參彼御所、有法拜儀、(法拜之時、一向不持笏拜舞、是舊儀也云々、入佛閣從佛事之日、撤劍笏之間、模其儀歟、)其時不取笏忘却退出、於乘車所思出、召前駈相求(令求、)無相違捜出、仍其以後於里亭拜嚴親。(家運相貽歟、)即持替他笏、云々且長通大將拜賀之時(之時、持之、)如然、今度通相(久我)三位中將拜賀之時、又如此、仍不借進、失本懷儀也之由被示之、件笏者自中務卿具平親王相傳笏、當家拜賀之時、每度持之由、故大納言殿(中院通方)御記有所見、仍自家君被仰了、以次被相語、

中院通方記

長通ヨリ蒔繪劍竝ニ紺地平緒ヲ賜ハル

相副笏具足、香綠平緒・蒔繪大刀云々、此三種者村上天皇被進中務卿親王云々、希代之重寶不能左右者歟、(今夜)。雖有窮屈之氣扶參候、可退出之由令申、爰蒔繪劍可進由被仰、自。(公卿座上)障子中、女房持大刀、(紺地平緒相具、)出進右府、々々取之被目予之間、予進懷中(入懷中、)笏給之、祝着之由令申、即退、座於中門外令持前駈、(時茂、)次歸家、於家君御前今日儀語申了、」

(33張)

蒔繪大刀文(菱唐草足緒、▨▨革 赤革也、不審追可尋也、)

紺地平緒文(蘆千鳥、)

勅授帯劍ノ宣下傳達無シ上卿油小路隆蔭ニ問フ

予 勅授事、去月十五日被宣下之由、資明(柳原)卿示送處、外記無其儀之旨返答之間、相尋上卿隆蔭卿之處、遙違期到來、即令下知之處(了、)何樣事哉、所詮重猶可加下知之由示送、即遣外記許、中納言拜任初

度被仰帶劍、其後不被仰也、非花族之公卿納言。無左右雖不被仰、當御代連綿歟、陵〔遲〕地之基也、
上卿下知狀案注置奥、
今日万機旬度〻令延引了、初度催可爲去十二日、其後可爲廿二日之由、被催之處、又延引、毎事不具之故云〻、仍申次事、尤雖可催出、依爲月迫、弥人〻令故障、然而爲後日請文記置之、可令准據者也、首尾錯乱、文章參差定在之歟、追猶可用捨者也、」

(34張)
自上卿大宮中納言許令下知外記狀案、

口宣

暦應元年十一月十五日　宣旨

權中納言源朝臣

宜聽帶劍、

權中納言藤原隆蔭

別紙書之、

宣旨送文

口宣一紙

右奉入如件、

十一月廿五日　權中納言判

(約五行分空白)

自資明卿許注送口宣案也、
宗光(柳原)爲子息之故也、」

(35張)○正文ヲ貼繼グ、宿紙、

上卿大宮中納言、

口宣案

暦應元年十一月十五日　宣旨

権中納言源朝臣

宜聽帶劍、

藏人左兵衞佐兼春宮大進藤原宗光奉」

(36張)○本張、奥下ニ「實夏」トアリ、モト洞院實夏書状封紙ナラン、墨映アリ、

(別筆)「暦應元秋冬」」

# （東京大學史料編纂所所藏中院一品記卷一紙背文書）

○本卷紙背ハ闕損スル箇所多シ、京都大學附屬圖書館所藏中院通冬記裏書文書（符號㋒）ヲ以テ補フ、

(2ウ)
「㋒餘久不申奉恐鬱且千候、連〻可啓之由、雖挿心中候、下部ホ悉以沒落、一人不相殘候之間、」以「㋒眞
(1ウ)
惠參入便宜可申之由」存「㋒候つ、其も何とやらんし候て、參上期兼不存知候間、」」不及言傳申候つ、
只今可參之由申候之條、令申候、兩三年之間、積鬱如山岳候、不遂面拜者更難散蒙候、其も何所に
て可期何日とも不覺之樣心細候、世途逐日有若□〔亡〕躰、如出行も無其期候、御在京近〻之間候、あは
れ常「㋒申」奉候し物をなと、往事共難忘思連候、乍恐又遣愚意候也、每事難盡狀候、恐惶謹言、

五月廿一日　實□〔忠カ〕（三條）

（ウハ書）
「（切封墨引）

（中院通顯、通冬父）
三條坊門殿　實□」

○二張紙背ハ相剝ギセラル、一張紙背ハ相剝ギニヨリ分離セラレタルモ原本ト共ニ傳來ス、

(7ウ)八幡事憂歎不休候、御心中又察申候、自他誠可同懷中之事候、而近代皆有各〻所存、一家空令離貳

(6ウ)候之條、尤失本懷候、志合胡越」爲一體云〻、如㋒[此示」給之趣、爲㋒[悅候者也、」恐〻謹言、

七月(曆應元年)㋒[十日」

○久我長通

○六張紙背ハ相剝ギセラル、石清水八幡宮燒亡ノ事、曆應元年七月五日條ニ見ユ、

---

(8ウ)此際㋒[蟄居山寺之間、依遼遠久不啓案內候つ、昨日貴札今日廿三日、到來、例濟之恩賜凡迷惑、中〻抃悅之、詞も難述候、動老心之外無他候、剩委細之趣、眞實催老淚事、申承之外、更無往日之名殘、」

○後紙闕ク、

○相剝ギセラル、

---

(9ウ)㋒[抑冬瓜事、」可尋㋒[給之由申候之仁、依病事歸泉候了、事〻參差有紛之習、」旁言語道㋒[斷候、依此參差申狀、又無現之樣候之條、殊痛歎入之間、更又」廻方便之最㋒[中候、冬瓜不盛得候者、壺にても必可奔走之由思給候、申狀山臥骨累候之樣に候へとも、遲〻歎入候之間、以次及委曲候也、比興〻〻候、恐〻謹言、

五月廿三日

○花押影、」

○相剥ギセラル、㋒ニ「十樂院宮(慈道法親王)御書」トノ註アリ、

(10ウ)

□不可說□存候□承候□

○相剥ギセラル、十一張・十二張紙背ハ、相剥ギニヨリ墨痕ノミ見ユ、

(13ウ)

□其□不□

○相剥ギセラル、

(14ウ)

禮服公卿・擬侍從ホ、誰々にか候つらん、內弁右府(久我長通カ)候歟、

昨日儀、雨休無爲被遂行候歟、尤以珍重々々候、且は物忩聊過候歟、

抑令啓候之條々、相構可被懸御意候、其間事、猶以(×可)御隙屬夜陰可參啓候、每事併期其時候、恐惶謹言、

三月廿三日　　雅康(壬生)

○本文書、正慶元年三月二十二日ノ光嚴天皇卽位ニ關ハルモノカ、

（15ウ）

[兼]《ウ》又一筒獻之候、今年者常未被御[覽]《ウ》歟之間、山寺茶園にて取聚候へは、輕微其恐候、可
有御免候哉、

木德之節、艾安之代、自他幸甚〻〻、隨而槐門之風扇于累葉、棘署之月照繁榮、今春祝着不可有盡
期候歟、十五日以後は○後紙闕ク、
○相剝ギセラル、「□之草」「花累葉毎繁榮昌」「今春祝着」「吉日」等ノ習書アリ、

---

（16ウ）

○前紙闕ク、
可還向之處に、年始人夫ホ未催得候、晦比には可上洛仕候、仙洞（光嚴上皇カ）樣御目出候覽、忩企參洛可致拜趨
候、以便宜可得御心給候、物詣暇事舊冬申入候き、事〻併期參入候、基時恐惶謹言、

正月十五日　　基時狀

三條坊門殿

（切封墨引）

---

（17ウ）

□□剣□□□存候、併期面上□□誠恐謹言、

正月四日　　□房上

○相剝ギセラル、

（18ウ）

□□一具
□□七
（約三行分墨痕見エズ）
□□參行事□□
院□□所□□

○相剝ギセラル、截斷ニヨリ前後闕有ルカ、

（20ウ）

㋒［清暑堂］御㋒［神樂有無事、］未承㋒［定候、可被行者、彼御所作事、以此趣可申入候、］兼又來㋒［十九日］
御拜賀㋒［前駈馬・毛車下簾事］承㋒［候了、件日］實（今出川）㋒［尹卿］不參㋒［仕者、可進候、只一具所］持㋒［候之間、如
此令申候、恐々謹言、
（曆應元年）
十一月二日 ］

○清暑堂御神樂ノ事、曆應元年十一月七日・十五日條ニ、通冬任中納言ノ拜賀ヲ遂グル事、同十二月二十九日條ニ見ユ、

(25ウ)

㋒「貴札之趣謹承候了、所労猶同躰間、心苦存候、抑彼素懐事(今出川兼季)、自去年聊雖申入候、無　勅許(光明天皇)候き、而先日御免之間、一昨日令」遂㋒「了、且仰之趣令傳達候之處、連々示預之條、恐悦無極」候、若㋒「万一無爲」候者、㋒「以便宜可謝申之由令申候、心事期参拜候、」實尹恐惶謹言、

㋒「(暦應元年)十二月十四日　　實尹」

○本文書、前紙闕クモ㋒ニテ補フ、相剥ギセラル、今出川兼季出家ノ事、暦應元年十二月十二日條ニ見ユ、

---

(36ウ)

㋒「委細之仰、恐悦候、御劍事返々[*1]雖悦存候、尋出候之間、御状別令返獻候、勅授事去月(暦應元年十一月)[*2]十五日被宣下

(26ウ)

候了、仍今日可帶劍之由」存候、㋒「故」如此[*3]蒙仰之條、恐悦無極之由、可被傳申候」也、

＊1 ㋒「遼遠之境、兼日可召寄候ける物を懈怠恐存候、」

＊2 ㋒「目出候、」

＊3 ㋒「恐々謹言、　　實夏(洞院)」

○本文書、勘返状ナリ、相剥ギセラル、通冬勅授帶劍ノ事、暦應元年十二月二十九日條ニ見ユ、

---

(27ウ)

龍作㋒「之御慶、鴻化之所覃、定御自愛候欤、承悦之餘、事更獻賀章候、謹言、

(暦應元年)十月廿四日　○久我長通

新中納言殿（通冬）」

〇相剝ギセラル、通冬任權中納言ノ事、曆應元年十月二十日條ニ見ユ、

---

(28ウ)
龍作御慶事、雖不可驚申、　皇恩無相違候之條、定御自愛候歟、不堪奉悦、聊染短筆候也、謹言、

十月廿二日（曆應元年）

（別筆）「洞院前右府」〇洞院公賢

新中納言殿

〇通冬任權中納言ノ事、曆應元年十月二十日條ニ見ユ、

---

(30ウ)
「㋒万機旬刻限如法被忩候之間、未明可沙汰立候也、

來⌝十二日通冬卿拜賀料御具足以下人夫ホ事、恩許返〻恐悦候、眞實⌝*1一向憑申入之外、無他候、雨⌝*2

(29ウ)
皮・」張⌝「㋒筵も新調猶不可」叶「㋒候、同可申請候、御」榻⌝「㋒幷袋・（笠之⌝⌝）⌝退紅裝束」雖下品候、必可借預候也、白⌝*3

張者二具大切候如「㋒何、」人⌝*4夫十一日早旦「㋒に」召給候之條者、不「㋒可叶候」哉、爲渡遣具「㋒足等、」可罷

入候事候、「㋒通相（久我）卿申入候也、」恐〻謹言、

十⌝一月四日（曆應元年）

*5「㋒」〇中院通顯

（捻封墨引）

＊１　「㋒不可有ホ閑候、」

＊２　可進之「㋒由可下知候、下簾可有御尋候也、其外皆具候也、」

＊３　可用意候、

＊４　自十一日可參之由「㋒可加下知候、榻は御拜賀にて候へは、黄金物を可進候、祝着之間、拜賀之時、代〻如此候也、」

＊５　「㋒」〇久我長通

〇本文書、勘返狀ナリ、相剝ギセラル、萬機旬ノ事、竝ニ通冬任權中納言ノ拜賀ヲ遂グル事、曆應元年十二月二十九日條ニ見ユ、

---

（32ゥ）近「㋒〻」御「㋒經」廻、「㋒無何悅存候、」今日以參「㋒會之次、旁可申奉候、」抑「㋒蒔繪劍此狀を德大寺へきと持遣候て可被召候、但納言御初拜　勅授事、已被仰候哉、不然者不帶劍、」隨「㋒公事故實候歟」

（31ゥ）由申傳候哉之由、「㋒前槐（公賢）中候、」心事期後信候、「㋒恐〻謹言、」

「㋒（曆應元年）十二月廿九日」　實夏

〇相剝ギセラル、通冬勅授帶劍ノ事、曆應元年十二月二十九日條ニ見ユ、

---

（33ゥ）去夜光「㋒臨殊爲悅候き、」頗「㋒蓬門眉目、槐府之光華候歟、」就中御拜賀無爲無事、瑞祥返〻目出存候、

諸事期參會、謹言、

（曆應元年）十二月卅日

〇久我」長通

〇本文書、後紙闕クモ㋒ニテ補フ、但シ接續部分判然トセズ、相剝ギセラル、通冬任權中納言ノ拜賀ヲ遂グル事、曆應元年十二月二十九日條ニ見ユ、

（34ゥ）

彼御㋒「拜賀無」爲㋒「無事、」返㋒「〻」目出候、㋒「毛車殊代〻」吉㋒「物前途時用來」候了、㋒「其子細自」是歎申候之處、示給之條」㋒「爲悅、諸事明春期慶謁之次候、恐〻謹言、

（曆應元年）十二月卅日

〇久我」長通

〇本文書、後紙闕クモ㋒ニテ補フ、相剝ギセラル、通冬任權中納言ノ拜賀ヲ遂グル事、曆應元年十二月二十九日條ニ見ユ、

通冬本年二十五歳、正三位、權中納言、二月二日任左衞門督

○曆應二年春夏記ハ、東京大學史料編纂所所藏原本卷二ヲ以テ底本トシ、京都大學附屬圖書館所藏寫本（符號㋖）ノ内ヲ以テ補フ、

史料編纂所所藏原本卷二

「（後補表紙打付書）釋奠　論義問答

曆應二年　春夏

二月十八日以後□□□□□也、

□□

」○本紙、卷子ヨリ分離シテ傳來ス、

釋奠上卿勤仕ヲ仰セラル

（1張）曆應二年二月十八日、丁未、天晴、（×尺奠也）及晩雨降、今日釋奠也、下官可參行之由、兼日被相催之間、申領狀

先ヅ任左衞門督ノ拜賀ヲ遂グ

了、仍於土御門前中納言親賢卿亭□（出）立、此日先可申左衞門督拜賀也、（本月二日任）衞府官事、去□□（按カ）察中納言經（勸修寺）顯卿奉行、送狀云、左衞門督其闕候、

今夕下□（名カ）可爲何樣哉之由、被□□非可謙退歟之間、畏存之□□□早旦沐浴、□有廟拜之故也、着束帶、蒔繪劍、無文帶、□□□□之、駕毛

奏慶ス

車、車副二人、黃金物榻、依拜賀也、前駈一人、□原清顯先行、一人召具之於弓箭者給之、時、□可有其難事也、府隨身四人、壺垂袴、□具之、參

光嚴上皇ニ奏慶ス

內、（光明天皇）土御門殿、隨身ホ遲參、近日夜陰狼藉之間、不相待參仕、於□□相待□入東洞院南棟門、於殿上屛前無名門代、奏慶、舞踏、申次藏人某、出逢、其

儀如例、殿上不經□不及着座退出、此間雨漸降、次□□（持）明院殿、（光嚴上皇）無申次、拜舞ホ了令堂上□

太政官廳ニ赴ク

□房卽退出、向官廳、於大炊御門□（大）宮郁芳門跡、下車、隨身□□入官東門□兀子門西腋、東面、是位次座也、

廳門座ニ著ス

後移着上卿□□□□面、兼置式筥、其路雖可經幔門外、依爲雨儀、經□□□着位次座、移着上卿座之條、上古强不然歟、□勤仕之時、無其儀哉、且嘉曆故三條中納言實任卿□末座中納言誠可有其

廟拜

列次ニ就キ辨官ト外記ニ確執アリ

都堂座ニ著ス

發題論義

中院通頼記

中院通重記 中右記

（2張）謂欤之間、今日以愚昧」今案用此儀、追猶可研精、爰外記師右（中原）以掃部寮示云、召使令參候之處、依關白（一條經通）河原祓先參向、歸參無期上者、被相待之條、可爲違乱欤、以召之由、外記參進□□□許諾了、弁以下着東面廊座、平敷、次六位外記參進閫外、南也、召使候之時、先召〻使二音、令召外記、予問云、上﨟參ャ、候、又問云、諸司ハ候ャ、外記申候之由、予目外記稱唯退、外記年少之間、未練、每事不詳、次予揖起座、□□□□納言ホ了、廟《メウ》拜之随身擁笠、予進於南庇東、□□□□之、前駈（劍キ）□（解キ）持笏洗手、不嗽口、入當間、先聖（孔丘）前、舊記ホ入中間、今日戸有□只入先聖間、揖有無兩説也、立先聖前、立机、予後、弁左少弁親名（平）、少納言平成棟、同列立、大外記師右・師利（中原）以上五位、立後、東上北面也、爰少納言欲立西上之間、弁令立直、而師右西上之由申之、弁先師（顔回）拜之時西上、先聖東上之條、無子細之由確執、予・師利ホ西上之由示之間、承諾了、弁問予云、先師拜之時、立直之條兩説「欤」（補書）、可爲何樣哉、下官云、舊儀雖不然、近例大略如此、然者可立直之由示之、次再拜了、次進立先師□□□□（東キ）（上列キ）又再拜了、自下﨟經本路退出、□□帶劍、次歸着廟門座、六位外記來」（3張）云、中都堂裝束了由、以西廳爲其所、予卽起座、經正廳前・簷下壇上、・西廊ホ、於都堂北壁外邊着靴、前駈奉仕之、令着〻〻入東一間、北面、副壁進西、着兀子、西上南面、自後着之、中間也、兼置發題、弁・少納言・大夫外記ホ着南壁下床子、次座主直講〻〻師茂〻〻着東〻〻高座、退、音博士、代官、着西高座、弟子四人率之、次座主直講師茂（中原）着東高座、音博士讀發題、次問者着高座、學生淸原國繼、論義、二重、畢、下官取發題入懷中、經本路退出、着北壁外兀子、東上南面、或北面、爲兩説欤、不着都堂座以前、着件座之由、弘安三年二月五日故一位殿（中院通頼、通冬曾祖父）弁正應五年二月五日故入道内大臣（中院通重、通冬祖父）重（殿キ）□御參行御記有所見、然而强如舊記無所見、正應六年八月四日釋奠、權大納言（藤原實泰）洞院故左府欤、先參行之時、不着件座之旨、故大臣殿被注置、爰中右記聊有件儀欤、今日不立兀子之間、相尋師右之處、都堂裝束了由、於廟門座申之上者、先

百度座

宴座ヲ止メラル

先ニ今出川兼季沒スルニヨル

最末ノ納言タルモ上卿ヲ勤仕ス

發題

不可令着件座給哉、百度装束之程可有御着座□□答之、舊記無所見、▨此儀尤有謂之上、雨儀□□□沙汰之間、直着都堂、追猶可研精也、兩代御記若有故欤、

頃之六位外記來、申百度座装束了由、予揖起座、入東一間、如先、西行、着兀子、東面北上、後當北一戸也、兼備饗、次弁・

(4張)

少納言、北上對座、五位外記ホ着之、次下官以下勸盃、寮官勸之、造酒正可參欤、其儀不異節會、二獻了後、置聰明、」不待羞了食之、如形、少〻取之、（×入）取出帖紙入之、次三獻如先、立箸、即拔了、揖起座、出自堂後中戸、西、退出、雖被停止宴座、出此戸也、

今日宴座停止事、菊第（第）入道右府兼季公（今出川）、（×正）去月十六日薨之間、被止之、

今日參議不參、每事陵夷散〻式也、於廟門座先着位次兀子、後移着上卿座事、退出之時、内〻相尋師右之處、爲常事之由答之、予所案之趣談話了、兼日別當資明卿（柳原）、可參行之由承及之處、何無其儀哉中之、近日風氣之旨示遣〻（×了）予許了、

今日下官爲末座之納言、相當上卿之條、不可不歡欤、頗雖恐愚昧之質、聊有學道義之志、先聖・先師若感應之故欤、自愛無極者也、

發題」

(5張)

◯正文ヲ貼繼グ、

「發題」（通冬筆カ）

夫詩者論功頌德之歌、止僻防邪之訓、雖無爲而自發、乃有益於生靈、六情靜於中、百物盪於外、情緣物動、物感情遷、若政遇醇和、則歡娯被於朝野、時當慘黷、亦怨判〔刺〕形於歌詠、作之者可以暢懷舒憤、

聞之者足以塞違從正、」

# 論義問答

(6張)〇正文ヲ貼繼グ、モト折紙、中原師右ノ筆ナラン、

(通冬筆カ)「論義問答」

問、

被講毛詩云、于以采蘩、于沼于沚、注云、公侯夫人執蘩采以助祭、神饗德与信、不求備物者、今所疑請者、祭祀之法、禮制有限、皆陳俎豆設酒肉、若爲有信、不備禮物、神寧享之乎、

答、

祭禮之法、可備物乎、可致信乎ト、疑申欤、易云、東隣之殺牛、不如西隣之禴祭、受其福也、日來東隣謂殷紂、西隣謂周文王、〇以下折裏、紂以大牢祭、而無其德信之故、神不享、文王薄祭、而依其德、神享之、然則只由德与信、不依備物、

難、

說宣之旨、其理不明、故何者、禮記王制篇云、祭豐年不奢、凶年不儉、然則雖多不加、雖少不省、故晏平仲祭其先人、豚肩不掩豆、君子以爲狭矣、因之古聖人多以珪璧祭、何不求備物乎、

說、

難申之旨、猶淺近也、尚書云、黍稷非馨、明德惟馨、左傳云、潢汗行潦之水、蘋蘩薀藻之菜、可薦於

鬼神、可羞於王公、但豚肩不掩豆者、是非儉約之謂也、」

○七張・八張ニ指圖アリ、次頁以下ニ掲グ、

著陣以前ニヨリ里邸ニ口宣ヲ下サル（9張）

同月廿四日、天晴、爲藏人少納言行兼（安居院）奉行、被下口宣、予未着陣之間、難下知之旨申入了、本儀於陣可下、而（以略儀）▨送里亭、▨▨▨准本儀号口宣欤、

獻上、　解状雖副下、不及書也、　僧官者可下知弁也、

口宣

宣旨

□□（前大）僧正法印（×師）大和尚（尚）位増基申請、特蒙　天恩、因准先例、以大法師靜深、早賜一身阿闍梨官符、

將授五部灌頂位之大道事、

仰、依請、

二月十七日　　少納言平行兼奉

右宣旨、早可令下知給之狀如件、

進上　□（左）衛門督殿（通冬）

「三月

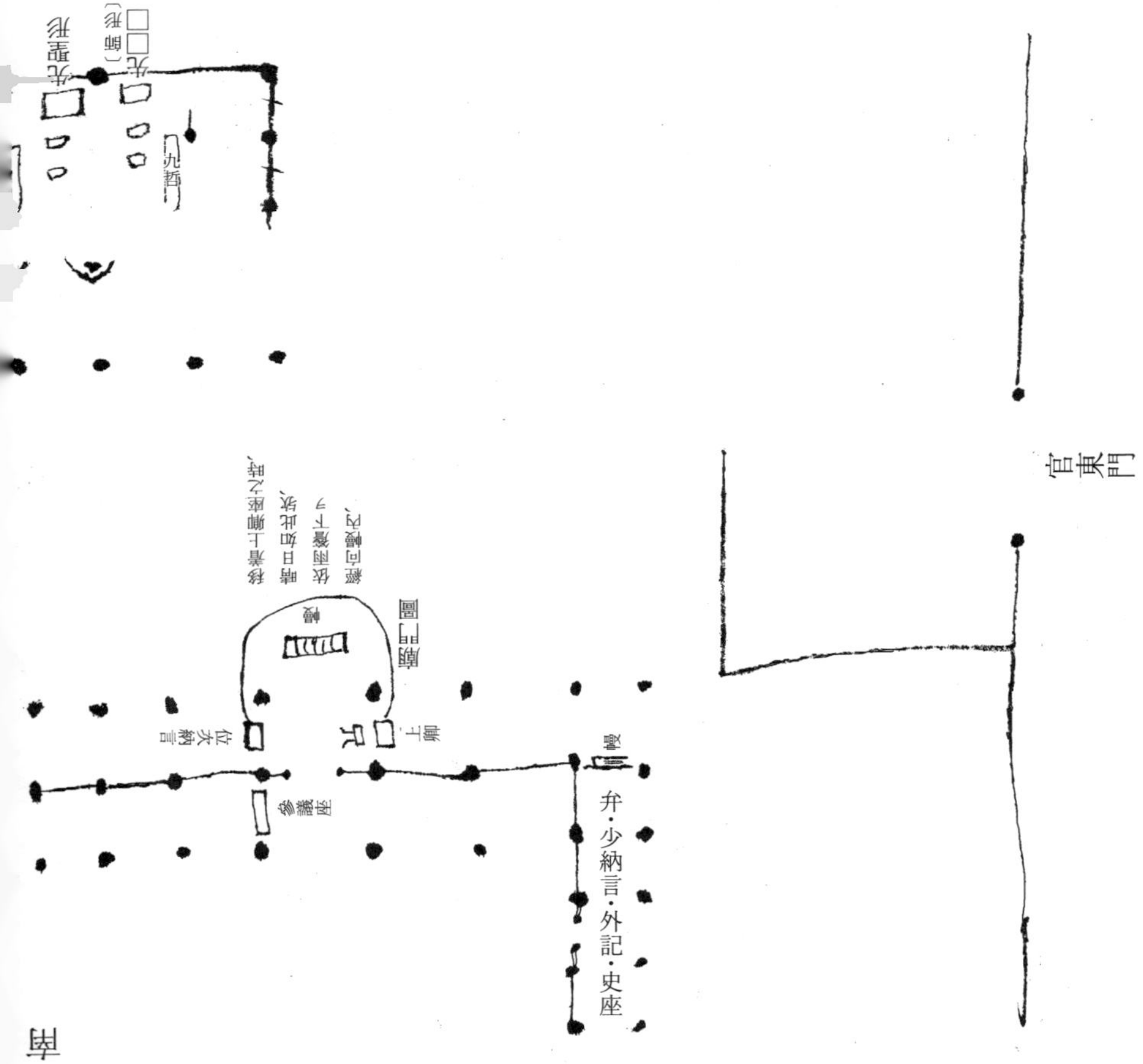
南
廟門圖
移着上卿座之時、
晴日如此欤、
依雨簷下ヲ
經向幔內、
幔
上卿
只
位大納言
參議座
幔
弁・少納言・外記・史座
官東門
先聖形
先□□
〔師形〕

(8張)

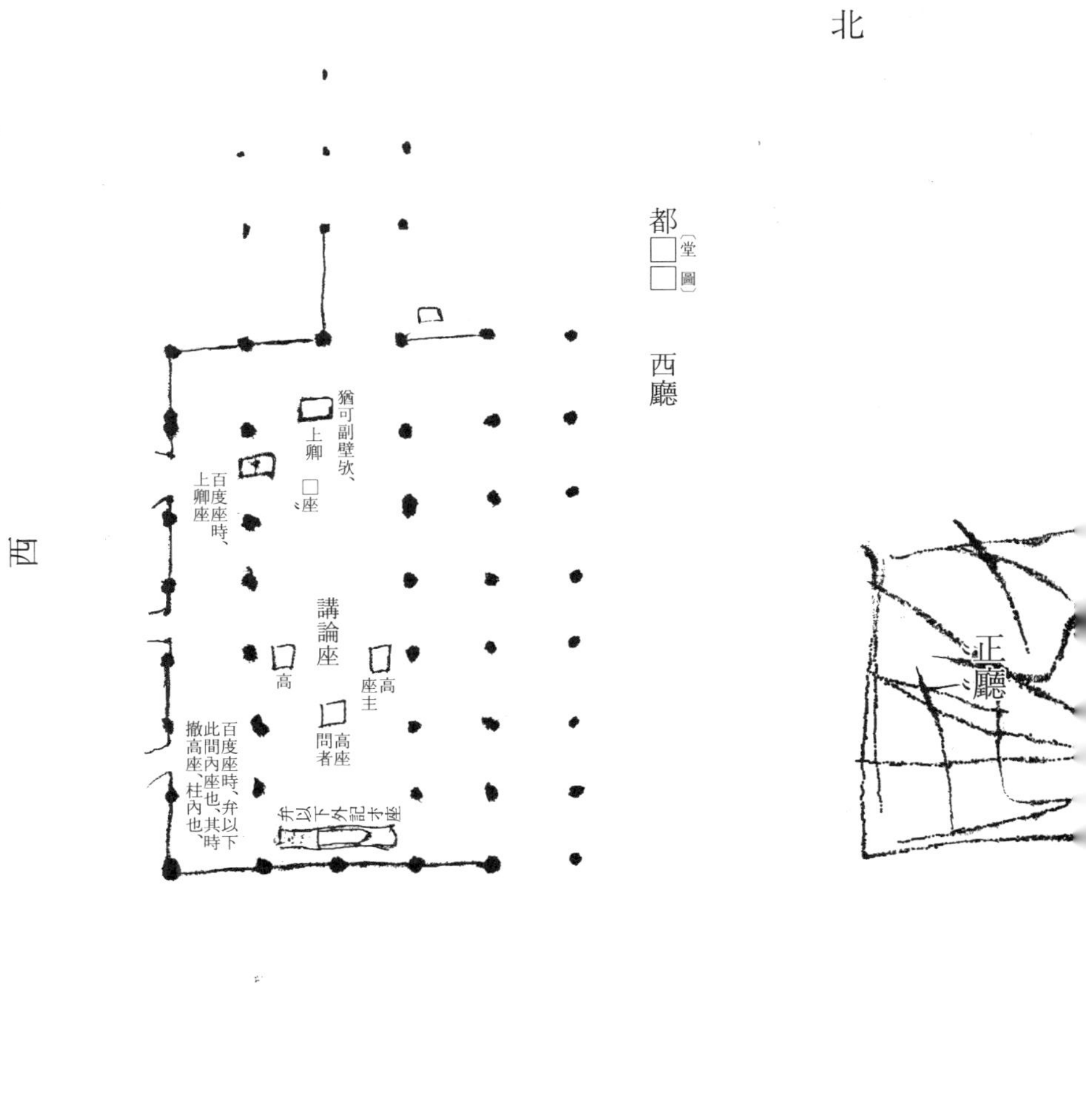


○廟堂圖ハ本紙ヲ切取リタル上ニ別紙ヲ貼リテ記シタルモノナリ、

重テ口宣ノ下知ヲ仰セラル
口宣

五日、天晴、爲藏人左兵衛佐宗光（柳原）奉行、被下　口宣、未着陣之間、難下知之旨仰遣了、」
（10張）獻上、　解狀雖副下、〔及〕不書寫也、

宣旨

綱所申請、特蒙　天恩、因准先例、依譜代勞、以大法師覺暹被拜任威儀師職事、

仰、依請、

□□〔右宣〕旨、早可令下知給之狀如件、

三月三日　　　　　　左兵衛佐藤宗光

進上　左衛門督（通冬）殿

石清水臨時祭試樂延引

廿五日、石清水臨時祭試樂之由、被相催、申領狀處、俄延引云々、仍不及出京、明日云々、可爲去廿二日之由、被相催之處、依每事不具歟、度々延引、近日公事ホ如此云々、陵除〔遲カ〕之作法、頗可謂輕忽、」

小除目ノ上卿勤仕ヲ仰セラル

（11張）廿六日、天陰晴不定、及晚雨降、今日試樂次、小除目、〔可被行〕可奉行之由、爲治（中御門）示送之間、申領狀了、昨日御教書今日到來、

午刻許、着直衣、下絬、共諸大夫一人時茂（高階）、布衣、召具之、遣牛飼也、直衣始通用也毛車已下旁難治之間、內

直衣始ヲ遂グ

光嚴上皇瘧病ヲ再發ス

近衛道嗣直衣始

石清水臨時祭試樂重テ延引

著陣ヲ遂ゲントスルモ藏人不參ニヨリ叶ハズ

群盗大學寮ヲ襲フ

孔丘並ニ顏回ノ像ヲ持明院殿ニ遷ス

賀茂祭

々申請禁裏局出立、令參（×内）（為）　内（光明天皇）、仍先參　仙洞、予昇進以後着（直カ）衣始未遂其節之間、令通用、如法略儀也、於　院（光嚴上皇）御方對面女房、御（去年）瘧病御再發之由奉及、驚入之由申入了、大藏卿雅仲（高階）卿云、今日試樂奉行職事爲治輕服事出來之間、難奉行申之、仍不定云々、猶被仰諸人云々、今日近衛三位中將道嗣（九歳云々、）卿（近衛基嗣）前關白息、直衣始、扈從殿上人三人、實益（一條）朝臣・嗣家（藤井）朝臣・資忠朝臣、前駈六人、行粧嚴重也、直衣下結、波良白（腹白）ヲ結、帶劍刀（野太）・笏了、此間予參　内、令參會大理（柳原資明）卿、暫言談、秉燭之程、今夜試樂可爲延引之由、有（12張）其聞、仍相尋雅仲卿之處、依職事不參延引、」來廿八九日程、可申沙汰之旨、被仰本奉行云々、仍退出了、今日（予）以次欲着陣處、職事（弁）・不祗候之間、同令延引了、

大學寮群盜事

又去十一日夜群盜打破大學寮、板敷已下拂（放取云々、）之由仍先聖・先師已下形像非無怖畏之間、左少弁親名（平）參向、奉渡仙洞、持明院殿、奉安置御念誦堂、西、先令洗云々、御形七十餘幅、（×枚）納（入）唐櫃、（持）幣帛先行、寮官云、□□紛失同去廿二日兩明法博士明成（坂上）・章有（中原）參向、（×了）令檢知云々、」

（13張）四月

廿日、賀茂祭也、

近衞使左近中將隆持朝臣、(四條)四條隆有宰相息也、(油小路)隆蔭卿加扶持也、

行粧

(約六行分空白)」

(14張)(白紙)」

光嚴上皇ヨリ琵琶灌頂參仕ヲ仰セラル

(15張)五月

十八日、雨降、今日自(光嚴上皇)仙洞被進　勅書於家君、(中院通顯、通冬父)披見之處、明日可被遂琵琶御灌頂、御師匠祿役人、

父祖ニ倣ヒ師匠祿役勤仕ヲ命ゼラル

(16張)正和(二年十二月二十二日)後伏見院、家君御勤仕、爲佳例、通冬可被沙汰進之由、被申之、近日不階雖爲散〻作法、就(×躰)」慇懃之勅命、之上者忘異躰之行粧可沙汰之旨、被申御返事了、但乘物已下旁有難治之故障之間、給便宜之局、密〻可着裝束之由、內〻令中女房三位局(三條秀子)大宰帥(三條)公秀卿息女、了、以次御師匠尋申入之處、爲孝重朝臣、木工權頭、(藤原)元久・(二年六月十八日、後鳥羽天皇)正和兩代御師匠爲公卿、今度可有差別哉否、再往被經御沙汰之旨、就被賞道之時、不可依其人貴賤、重以勅書被仰下、誠有其謂歟、兩度宸筆御書幷御請文案(×御書幷御請文案)續左、爲後葉之佳模歟、共者以下卽加下知了、

到來ノ上皇書狀ヲ貼繼ギ後世ノ佳例ト爲ス

(約四行分空白)」

(17張)○正文ヲ貼繼グ、

光嚴上皇自筆書狀

(端裏書)「仙洞勅書暦應二、五、十八」

夜陰儀にて候はむすれは、別不可有行粧候、相構〻〻參懃候者、爲本意候、

面談遙久中絶之間、心事蒙鬱、不知謝所候、早晩出京之次も候はむと候者、相構夜陰なとにも被參

(18張)

て、往事をも申出候は丶やと思給候、兼又來十九日可遂比巳」灌頂之由思給候、御師匠祿役人事、

正和被參懃候歟、今度通冬卿尤叶佳例候、元久通光公(中院)于時中納言、左衛門督、取之候、正和之儀、被模彼例候歟、

定存知事候哉、今度通冬卿必參懃候者、專可相叶公私之芳躅候歟之間、別內〻令申候、他事千萬併

期面候也、

(切封墨引)」

父通顯請文

(19張)

○案文ヲ貼繼グ、

仰之旨跪奉了、

抑明日十九日、通冬參事、卒爾間弥難構得候、如此被仰下候之上者、不顧異躰、早可沙汰進候、代〻

誠公私之佳例候歟、凡連〻參拜志候之處、旁不事行之子細候之間、乍存懈怠仕候、眞實恐歎無極候、

委細被仰下候之趣、殊畏入候、事〻可(×期)參仕言上(×候之上)之由、可令披露給、空乘(通顯)誠惶誠恐頓首謹言、

五月十八日　空乘上

(油小路隆蔭)大宮中納言殿」

(20張)

○二十張・二十一張、正文ヲ貼繼グ、

曆應二年五月

刻限事、秉燭程可參之由、可被仰候也、

光嚴上皇自筆書狀

明日通冬卿參事、被申領狀之條、返〻神妙候、今度師匠可爲孝季〔重〕朝臣候、元久・正和御師匠皆公卿

（21張）

候、今度賜祿人可有差別哉否、此間再往經沙汰候之處、被賞」道之時、不可依其仁之貴賤、已爲師匠之上者勿論、又他事准據其例繁多、旁尤可被任嘉例之間、通冬卿參懃可宜候也、裝束事、正和爲束帶欤之由、故院（後伏見天皇）御記所見候、其分を可有用意候、尙〻今度卒爾令申之處、領狀之條、公平之至、殊感悅思給候、巨細猶面可申候也、」

後伏見天皇記

（22張）

十九日、天晴、

上皇琵琶灌頂俄ニ中園殿ヲ用キル旨ヲ示サル

今日　仙洞爲比巴御灌頂、仍酉刻許先着直衣、參持明院殿、侍一人康基、召具之、但令參會、俄於中園殿可被行、可參彼御所之旨、三位局奉書於路次令披見了、然而先參仙洞申入女房了、卒爾被仰之處、參勤神妙之由被仰下了、暫雖令祇候、　御幸猶及遲〻之間、先參儲中園殿、頃之永春法師御所御裝束師、送使者云、

御幸アリ

御幸以前可參哉否、卽可來之旨返答了、於對屋着束帶、蒔繪大刀、紺地平緒、無文帶、　丑一點御幸、殿上人・北面ホ少〻供奉、　上皇御直衣御冠也、御裝束儀、寢殿母屋疊二帖、横敷、大文、其上敷茵、爲上皇御座、庇敷圓座、日隱東間、爲御師匠座、庇御簾垂之、母屋御簾褰之、母屋奧立廻屛風、庇擧掌燈、琵琶二面兼置之、一面ハ圓座前也、

出御アリ
藤原孝重ヨリ祕曲傳授アリ

（23張）

上皇出御之後、奉行左中弁親名（平）出中門外、」召孝重朝臣、卽參進著御前座、束帶、奉授祕曲啄木云〻、欤、拂雜人閉門、人〻不祗候御所近邊、良久事了、奉行參進、召藏人令參卷上庇御簾三个間、次職事藏

孝重ニ祿トシテ琵琶ヲ賜フ
通冬祿ヲ取ル

人左少弁宗光(柳原)進御師匠後、・勸賞事追可被仰之由仰之、即退、次予進寢殿東面妻戸前、被出御比巴、予指笏取之、持樣如彈、入額間東、座下也、欲置孝重朝臣前、即給之、仍授之、拔笏右廻退、孝重取之、即退座下簀子、出中門外令持共者、(×之)・持笏進出南庭、於額間程奉拜、二拜、退、其後上皇入御、取祿路事、院仰云、凡如此之路、進座上或進座下、爲兩樣歟、正和度即入額間歟、其旨存知(如然候之由)申入之、又仰云、彼時自西被出祿、仍有便、今度自東可被出之上者、座下猶(×有)・可宜之旨兼被仰下之間、守其旨了、予改裝束參禪林寺(康仁親王)

康仁親王御所ニ參ル

宮御所、當時御座北小路之間、依爲近々參了、暫祗候御前、即及天明退出、

安樂光院御講ニ於テ笙勤仕ヲ需メラル

(24張)

廿二日、天晴、來卅日可有安樂光院御講、可候笙之由、爲春宮亮隆持(四條)奉行御教書到來、若構得可參仕之由申入了、

御講參仕ヲ領狀ス
上皇筆ノ樂目錄ヲ賜ハル

廿四日、御講參事、連々被責伏候間、大略申入領狀了、御點注文或仁注給了也、樂目錄內々中女房之處、被染　勅筆拜領、則續加、(×也)・○本月三十日條ニ貼繼ガル、當日儀也、

參仕ヲ催サルル人々

安樂光院御講御點領狀無人云々、

笙

冷泉大納言公泰卿(洞院)、　左衞門督通冬、　一條中將、實材朝臣

地下、脩秋(豐原)　則秋(豐原)　信秋(豐原)

笛

春宮大夫(大炊御門)冬信卿、　大炊御門前中納言氏忠卿、

(藤井)嗣家朝臣　地下、(大神)景朝　(大神)景茂

篳篥

(楊梅)能行朝臣　(楊梅)忠俊朝臣　地下、(安倍)季氏▨　(中原)茂政

琵琶

(25張)

徳大寺朝臣公清卿、　新大納言(西園寺)公重卿、

園前宰相基成卿、　孝重朝臣

箏

洞院前右大臣公賢公、　内大臣(鷹司)師平公、　室町前宰相公春卿、

水無瀬三位具兼卿、　大納言三位局　宮内卿三位局

。新右衛門督　ノ坊門局　小督局

大鼓

(豊原)龍秋

鞨鼓

(多)久經

鉦鼓
久(多)春

(約三行分空白)

「已前御拝任之間、今度依爲還補儀無參賀儀云〻、」

成助東寺一長者ニ還補セラル
吉書アリ

(26張)暦應二年五月
廿七日、天晴、今日僧正御房(成助、通冬叔父)(眞光院)令補東寺一長者給之後、有參賀・吉書之儀、家君・予内〻見物、未刻許、物在廳相遲(×相)令伴公文威儀師相遍參仕、立中門外、(幔門外、)僧正御房令出寝殿座(西一間、)給、申次重實法眼、(香法服、)着法服、出逢幔門之外、綱所申事由、重實歸昇入中門妻戸、經公卿座前簀子、於御着座間緣申事由、(信海已講持參櫃、置座左(×右)、)御目之後、又歸出目綱所退歸昇退、次綱所(着草鞋、)參進、先之朱印唐櫃昇立中門外緣也、着座(寝殿第□、端西二間、小門外緣也、)文疊、次公文威儀師着座、(赤端疊、第三間、)次侍法師二人(三綱事也、)舁朱印唐櫃、入西一間、(不敷帖、綱所座前程也、)舁立二間程中央、先之置硯幷覽筥於相遍座、(侍法師役之、)次相遍書吉書、兼書儲取替之、其躰未練、有若亡也、授吉書於綱所、〻〻取之、進(入覽筥、)于僧正御房前覽之、公文威儀師持硯・筆進出、染筆授綱所、〻〻傳獻(×付之)之、令加署返給、各退本座、次相遍進出開唐櫃(御封、)」〇後闕、

加署

(27張)〇前半部闕損ス、
笙維秋(豐原)祇候、(此間召置也、)

暦應二年五月

□(廿八カ)日、天晴、終日習禮也、

安樂光院御講 笙ハ秋風ヲ用キル

□(卅日)天晴、今夜所作器可(×爲)用秋風、黑管也、隨分累代、□永俊律師令記之、永俊□之間、自故一位殿(中院通顯、通冬(曾祖父))御時被召仕也、□道相國・竹林院(藤原公衡)入道左府常□□如幾佐木繪(蛤界繪)毎度令調了、爲事次□□(×注)記置也、

□諸大夫一人時茂(高階)・侍一人康基召具之、院中未無人之最中也、頃之新大納言・園宰相(基成)祗候御前、有御比巴乙沙汰、散狀奉行見之、如法無人也、」

安樂光院御講散狀 (28張)

散狀 公卿ホ皆直衣下絬、前右府烏帽子直衣、

笙　予　則秋　信秋　維秋　成秋(豐原)

□(笛㋖)　嗣家朝臣藤井中將、衣冠上絬、　景朝　景茂

篳篥　忠俊朝臣衣冠下絬、　季氏

琵琶

徳大寺大納言公清、初參、　新大納言公重卿、　園前宰相基成、

〔筆キ〕
□
洞院前右府　室町宰相　水無瀬三位　大納言三位局　坊門局但俄故障了、　新右衛門督局
小督局
大鼓　龍秋
鞨鼓　久經　鉦鼓　久俊(多)代官、
(約五行分空白)
(29張)○正文ヲ貼繼グ、モト折紙、
上皇筆樂目錄
平調
萬歳樂
慶雲樂
陪臚
三臺急
甘洲
廻忽
勇勝急

五常樂序

同破

同急

(30張)丑刻許、人〻參集御堂、卽有　御幸、御車寄新大納言也、公卿ホ着公卿座、比巴・箏承仕置之、此間予起座、出中門外、取笙。懷中、(入)上皇御座御聽聞所西腋局爲其所、御簾被垂之、公卿ホ次第經簀子着廊座、一行、位次〻第、御導師・加陀師ホ着御堂中座、御本尊阿弥陀、九躰、木像、各備供具、(×地下伶)殿上人着簀子座、伶人ホ候庭上、已欲被始之間、地下有座次相論、篳篥吹季氏不謂官位▨着伶人末條、爲先例之由令申之處、季氏不可有其儀之旨申之、奉行再三雖令問答、不令落居、如所〻法會不始于今事之由(×也)(爲)一同(31張)申所存、仍經奏聞處、自他可任先規之旨、被仰欤、猶不落居之」間、被仰談前右府之處、先例只今不令覺悟、可及遲〻之上者、以別儀無爲可遵行之旨、可被仰之由申之、所詮可敷別座之由(被)被仰、仍季氏承諾、六位輩座後儲座了、後聞、往古以來如此着末座(×着末)云〻、追猶可勘其謂事欤、次前右府被目予、〻取出笙、吹調子、篳篥・笛(以下)如例、但嗣家朝臣笛(篳篥)音取後卽吹(×卽吹音)(笛)。音取、(次暫置之、)置篳篥調子(×笛也)吹出後、又吹調子、彼家習云〻、於大神者篳篥音取後、吹調子マテ不鳴、調子笛吹調子後吹之、(一兩手、)(×差)兩流差別甚、多其興欤、(樂如)。目錄次第、未廻忽令与奪景朝、其以後(×以後)自地下吹始之、三臺急付所、往昔以來講演之時、付二大鼓、

御幸アリ

公卿著座

伶人座次ヲ爭フ

樂ヲ始ム

豊原則秋三臺急ニテ笙ヲ一大鼓ニ付ス

堂上ノ笙ヲ閣クハ狼藉至極ナリ

足利尊氏邸天神講ニ於テ此ノ所作アリ

仍予存其旨之處、則秋付一大鼓、希代之例也、園相公問予云、三臺急付初拍子先規候哉、予云、曾雖無其例、龍秋近日以今案如此、致其沙汰之由承及、(×了)縱雖有意趣、閣堂上笙付之條、狼藉之至極歟之由答之、相公其事候、太不可然之旨示之了、此事維秋兼日相語曰、於鎌倉大納言(足利)尊氏卿亭毎月廿五日有天神講、其時如此致其沙汰云〻、龍秋親父(豊原清秋)幷舍兄兼秋(豊原)則秋父、龍秋又毎度付二大鼓之條、無異論、一(32張)向以今案此間付初拍子、自由過分之至、不能左右、不可說〻〻〻、園相公付物致其沙汰、新大納言

御所作一兩度アリ

時〻付之、(×一)御所作一兩度也、簗事了公卿自下﨟退出、予笙懷中退、於中門邊(×暫)聊言談、已及天明、予退出歸西郊、辰刻許也、窮屈無他者也、

父通顯豊原則秋ノ新儀ニ就キ園基成ニ書狀ヲ遣ハス

左衛門府沙汰人ノ刃傷ニ就キ擧狀ヲ出ス

六月

一日、天晴、自家君(中院通顯、通冬父)內〻被遣園相公(基成)許御書云〻、三臺急事被仰了、顧涯分之間、不及申所存、還爲沙汰外事歟、非奏聞之事之間、不留符案、然而無何爲後見、注裏書、〇三十二張裏ヨリ三十張裏ニ記サル、又左衛門府沙汰人刃傷公方使事、年預藤弘執申之間、出擧狀了、

通顯書狀

(裏書)
「被遣園宰相御狀案、

去夜御講御參之由、通冬語申候、返〻悅存候、未練男定比興事多候歟、冷泉亞相(洞院公泰)も不參候哉、弥周章候、さても三臺急付所閣堂上〻首笙、自地下任雅意吹出之由奉候、實事候歟、凡過分之至非言語所及候、且更無先規候哉、縱雖別所存候、於公宴者尤可有斟酌候歟、併依通冬卿不肖、如此

狼藉出來候哉、爲道殊歎入候〻〻〻、聊爾之至猶〻不可說候、凡爲上尤可有其沙汰事候歟、申狀
比興〻〻、千万期面謁候、謹言、

六月一日　　御判

(補書)
「暦應二」

御言付之趣語申候、返〻本意、爲悅候〻〻〻、相構御物詣之次、可預御尋候、閑居無比類之地
候也、每事顧涯分候之間、不及出詞候、」○三十一張紙背・三十張紙背ニ園基成ヨリノ返書アリ、

去月高御座ニ死人アリ觸穢

三日、天晴、官人大判事明成(坂上)參、雜談次云、官廳高御座有死人、雖無血氣、爲三十日穢之由、勘申之旨語也、
去月事云〻、希代之珍事也、去月廿七日見付之由、大外記師右(中原)示之、」

瘧ヲ疑フ

(33張)
廿二日、天晴、予自去比風氣、及晚陰以外興盛、終夜責伏、曉天聊▨溫氣快然也、爲當時瘧病流布有其疑、

醫師和氣弘景來ル

廿四日、天晴、醫師少輔入道覺種(弘景)和氣氏也、來、予對面、相談所勞之躰、被冐風冷云〻、連〻可來旨諾也、來

院御遊參仕ヲ仰セラル
晴儀初度ナリ
院作文會ノ御點ニ漏ル

廿七日　仙洞(光嚴上皇)御作文幷和歌御會・御遊云〻、晴儀初度也、按察中納言(勸修寺經顯)爲御奉行可候御遊之旨有其
催、短才之質雖爲存內、不被入詩御點、聊有所存、其故者　仙洞御在坊時、初度、有晴御作文、其時接筌幷
詩席了、加之　先御代(後醍醐天皇)吉野御所、雖被淸撰、不出所望、度〻應勅喚之處、限今度漏御點之條遺恨也、爲後御教書續(×候也)
加之、」

(35張)
○三十五張・三十四張、正文ヲ貼繼グ、禮紙ヲ先ニ繼ギタルモ、今改メテ揭グ、

來廿七日可有御作文、可令候御遊席給者、依
院御氣色執達如件、
六月廿二日　　按察使經顯
謹上　左衛門督殿(通冬)」
追申、
御所作可爲笙、刻限申刻候也、」

(34張)

瘧ニヨリ院御遊参仕ヲ辭ス

廿六日、天晴、予瘧病毎日責伏之間、明日御遊申子細了、御點ホ注文、

参仕ヲ催サルル人々

作文

文人御點、故障仁(×故障之仁)ホ少々在之、

公卿

關白(二條)經通公、　右大臣(九條)道教公、　久我前右大臣長通公、　內大臣(鷹司)師平公、
右大將(堀川)具親卿、　押小路前中納言(平)惟繼卿、　花山院中納言長定卿、　按察中納言經顯卿、
新中納言(三條)實治卿、　右兵衛督(洞院)實夏卿、　式部大輔(菅原)長員卿、　前左大弁三位(菅原)在登卿、
京極三位(日野)行氏卿、　勘解由長官(菅原)公時卿、

殿上人

和歌

房範(藤原)朝臣　在成(菅原)朝臣　國俊(吉田)朝臣　宗重(中御門)朝臣
雅顯(壬生)朝臣　藏人右少弁、宗光(柳原)　高嗣(菅原)
和歌
公卿
關白　洞院前右大臣公賢公、　小倉前大納言實教、　三條大納言實忠卿、
(36張)冷泉大納言公泰卿、〔一〕　德大寺中〔大〕納言公清卿、　新大納言(西園寺)公重卿、　別當(柳原)資明卿、
二條前宰相雅〔孝〕高(飛鳥井)卿欤、　九條二位隆教卿、　左宰相中將(正親町)公蔭卿、　九條三位隆朝卿、
二條侍從三位(御子左)爲親卿、
殿上人
爲明(御子左)朝臣　雅宗(飛鳥井)朝臣　爲忠(御子左)朝臣　朝光(日野)

御遊

御遊御點
拍子　洞院中納言實守卿、
付歌　宗重朝臣　敦有(綾小路)朝臣
笙　冷泉大納言　予
笛　春宮大夫(大炊御門)冬信、　右兵衛督

篳篥　(楊梅)忠俊朝臣
比巴　徳大寺大納言　新大納言
箏　洞院前右大臣　内大臣
和琴　大炊御門前中納言氏忠卿、

重テ院御遊參仕ヲ仰セラル
追テ作文會參仕モ仰セラル

申刻許、爲女房奉書、御遊笙令闕如、予可參之由被申家君、・(×了)現所労之由被申之了、・詩御會。有參之志者可被催之由被仰也、」

(37張)
廿七日、天晴、傳聞事ホ少〻注之、

詩題
歌題
院御會竝ニ御遊散狀作文

詩題　聖澤遍於水以情爲韻、　在登卿出之、
歌題　松影映池勅題云〻、
散狀　公卿詩人數、
關白　内大臣　右大將　按察中納言　花山院中納言
右兵衞督　式部大輔　前右〔左〕大弁三位　序者、勘解由長官　(中御門)宣明朝臣
殿上人
房範朝臣　在成朝臣　宗重朝臣　宗光　高嗣

和歌

和歌公卿

足利尊氏

御遊

暦應二年六月



關白　序者、洞院前右府　冷泉大納言　春宮大夫　新大納言

將軍、鎌倉大納言(足利)尊氏卿、別當　二條前宰相　九條二位　左宰相中將

(隆朝)侍從三位　二條侍從三位

殿上人

爲明朝臣　爲忠朝臣　雅宗朝臣　朝光

御遊

拍子　宗重朝臣

笙　冷泉大納言

篳篥　忠俊朝臣

琵琶　新大納言

(38張)

箏　洞院前右大臣　內大臣

和琴　春宮大夫

所役殿上人

(平)成棟　(冷泉)經隆　藤原說房　源盛房

作文幷和歌一座別紙在之、(×有之)

豐原脩秋沒ス

廿八日、伶人維秋(豐原)參、父(實ハ外祖父也、)脩秋(豐原)今朝令逝去云々、當道之衰微、愁歎無極、折節爲瘧病發之最中之間、不及對面、

(約九行分空白)

(奧裏書、別筆)
「曆應二春秋、」

# （東京大學史料編纂所所藏中院一品記卷二紙背文書）

○闕損シタル箇所ハ、京都大學付屬圖書館所藏中院通冬記裏書文書（符號㋒）ヲ以テ補フ、

○後補表紙見返、

秋日同詠三首和歌

孝紀

閑庭露滋

そのまゝにうちもはらはてところせき露のものなる秋のにわかな

鹿交草花

この比の野をなつかしみいろ〳〵のはなふみしたきをしかなく也

歎無名戀

下もえにおもふもくるしなき名のみ空にたちそふ身をなけきつゝ

(1ウ)

□□〔無ウ〕指事不令啓候之處、以次申□候之條、尤本望候、□□〔弓ウ〕壺二腰慥以返預候了、心事併期見參之時候、恐々謹言、

(暦應二年)二月十九日　(花山院)長定

(2ウ)

恐鬱之處、芳問之旨承悅候、御出京無何悅存候也、

抑釋奠御參返々目出候、隨身弓・壺各二進入之候、下品不具之物、難立御要候哉、恐恨候、恐惶謹言、

(暦應二年)二月十八日　(洞院)實夏

○釋奠ノ事、暦應二年二月十八日條ニ見ユ、

(3ウ)

蒔繪劍同令進之候、／榻黃金物を進候、御拜賀には每度□□にて候也、

毛車以下具足、任目錄可進之由、下知候了、前駈馬相副裝束舍人令引進候、如法穩便之物候、事々期面候也、謹言、

(暦應二年)二月十八日

○(久我)長通

○通冬任左衞門督ノ拜賀ヲ遂グル事、暦應二年二月十八日條ニ見ユ、

（4ウ）
先日午物忩申入候、畏存候、兼又論義問答一紙注進仕候、座主愚息直講師茂（中原）、問者學生清原國繼、
如此候、毎事可令參入言上候、師右（中原）誠恐謹言、
（暦應二年）二月廿二日　　師右

○釋奠ノ事、暦應二年二月十八日條ニ見ユ、

---

（8ウ）
○截斷ニヨリ前半部ヲ闕ク、
同事之様、相存候て不申奉、恐恨候、於今者□□〔細ゝ㋒〕可有御出仕候歟、可□□所之便宜候、
（7ウ）
又」洛陽御逗留之時者可參上候、必可蒙仰候、□釋奠事、可爲□□之條、勿論候、上卿已及闕如候、
御參尤可然候、資明（柳原）尤可存知候之處、自元被侵風氣候之上、此兩三日增氣之間、不可叶候、其外申
心外之仁候ぬとも不存知候歟、尚ゝ目出候、白晝可被行候、可有御早參候、御慶○截斷ニヨリ闕ク、

○釋奠ノ事、暦應二年二月十八日條ニ見ユ、

---

（10ウ）
謹奉候畢、
釋奠御參行目出存候、座主□事〔役カ〕愚息師茂（中原）可參勲候、可早參之由可仰含候、兼又官廳廟門并都堂指
圖不所持候、恐恨仕候、毎事可令參入言上候、師右（中原）誠恐謹言、○截斷ニヨリ闕ク、

○釋奠ノ事、暦應二年二月十八日條ニ見ユ、

（11ウ）（12ウ）

○截断ニヨリ前半部ヲ闕ク、　於是邂逅□出京之次ノ［　　　］被［　　　］

抑劍足緒事、赤革誠めつらしきやうに候、或仁先年渡与候き、可直改藍革候哉、用紺地」平緒之時

用藍革、用紫淡〔綟〕緒之時用紫革云〻、被直改條若可遲〻候者、所持劍を可進候、重可承候也、謹言、

二月十七日　」○久我長通

（ウハ書）「（切封墨引）

○十二張紙背ニ「めつらしき」「渡与候きき」ノ習書アリ、

（13ウ）（14ウ）

三陽之初節、萬端之御慶、雖事舊候、日新重疊、頗不可有盡期候、就中天下之靜謐、海内之安全、相

當斯春之條、尤承悅候、此ホ子細可令參賀候之處、旁祝着非一事候之」間、乍存候、以便宜企參入、

往日之式每事可申承候、台嶺之式遮眼候、定同心御事候歟、千緒万端難盡紙上候、心事期參拜之時

候、季氏（安倍）謹言、

正月八日　　季氏上

（16ウ）

御所よりの御ふみまいり候、左衞門督（通冬）殿御まいりのこと、にはかなるやうにて、／わひしく候へ

とも、ろくの／こと〻もなと、さたまりもやり候はさりつる程に、かねても申され候はさりつる、」

（15ウ）かまへて〳〵御まいり候やうに、よく〳〵申とて候、あなかしく、

○本文書、暦應二年五月十九日ノ光嚴上皇琵琶灌頂ニ關ハルモノナラン、

---

（23ウ）このやうひろうしさふらへは、よへはことゆへなくはてさせをはしまして候へは、／返〻めてたくこそ候へ、にはかなる／やうにて左衛門督殿御まいり候し、返〻めてたく候、これも御心さし

（22ウ）の」猶さりならぬゆへと返〻めてたく候よし、これよりもおほせられさふらはんするにて候つるに、申され候ぬる、めてたく候と申とて候、わたくしにも／あまりににわかなるやうにて、いか〻とおほえ候し、御まいりさうゐなくて、むかしにかはらぬ御しきに候へは（×候へとも）とく〳〵[を]はしまして

（23ウ）こそ候、よろつ御心さしのなをさりならすとは、」いたつらならぬ事にて候つると思まいらせ候、あなかしく、

（22ウ）御ちや返〻めてたく候と、よく〳〵申とて候、」

（切封墨引）

○本文書、暦應二年五月十九日ノ光嚴上皇琵琶灌頂ニ關ハルモノナラン、

(24ウ)

左衛門督殿とく御まいり候へ、いまはやう〳〵にて候、如法〻〻いそかれ候しさいの候、／かまへて〳〵とく御まいり候へく候、／つほねもようゐして候、にわかに中その殿にて候はんするとて候ほとに、すくに中その殿へ○後紙闕ク、

○光嚴上皇琵琶灌頂ヲ中園殿ニテ執リ行フ旨、三條秀子ヨリ奉書ノ來ル事、暦應二年五月十九日條ニ見ユ、

(25ウ)

[來]卅日可有安樂光院御講、可令參仕給之由、
院(光嚴上皇)御氣色所候也、仍言上如件、

(暦應二年)五月廿一日　　春宮亮隆持(四條)上[奉]

謹〻上　左衛門督殿

(27ウ)

追言上、
□(御)所作可爲笙[候]也、重謹言、

○通冬安樂光院御講參仕ヲ仰セラルル事、暦應二年五月二十一日條ニ見ユ、

(26ウ)

○前紙闕ク、

候之間、更不存寄候之趣、御沙汰之次第、迷惑仕候、如仰可類千會之條、不能左右候者、尙〻芳恩之

至難盡短筆候、早可參入言上之由、可令申入給、

五月廿六日　　　　　　　　雅仲(高階)

(ウハ書)
「(切封墨引)　　　　　　　雅仲」

(28ウ)
御かうに御まいり、返〻めてたくこそ候へ、もくろくあそはさせまいらせ候てまいらせ候、／さそ御まいりも、なんちなる／事にて候はんと、をしはかりまいらせ候、□　□候はゝ、□にも□　□う候はしとおほえ候て、あなかしく、

○通冬安樂光御講樂目錄ヲ賜ハル事、曆應二年五月二十四日條ニ見ユ、

---

(31ウ)
猶〻今仰尤畏入候〻〻〻、

畏奉候了、昨夜御講無爲無事目出存候、彼御所作又無一事違乱候歟、珍重候、御講已後數刻祗候御前事候つるにも御沙汰事共候つ、令悦耳候、三臺急事、地下之所爲太不審之間、當座にも聊尋申入(30ウ)事候、」近年是風情事多端候歟、不便事候、便宜之時は此事も聊申出候て、御沙汰之次第も無何可存知仕候、且又可參申入候也、連〻高問眞實恐畏不少候、必可參謝言上候也、併期其刻候、基成(園)誠恐謹言、

（暦應二年）六月一日　　基成上

○本文書、暦應二年六月一日條所収ノ中院通顯書狀ノ返信ナリ、

---

（33ゥ）來卅日安樂光院御講御參事、以御請文旨申入候之處、眞實無人于領狀候、相構可□〔令〕存知給之由、別
重被仰下候也、仍言上如件、

（暦應二年）五月廿三日　　春宮亮隆持

謹々上　左衞門督殿

○通冬安樂光院御講參仕ヲ仰セラルル事、暦應二年五月二十四日條ニ見ユ、

---

（37ゥ）御點者、雖如此候、所勞故障之仁ホ候歟、彼御勞返々驚入候、能々可有御謹愼候、／（菅原）在成も
被取籠荒痢候間、參否不審候、

被仰下候之旨、跪拜見仕候了、一日態可參入言上候、抑明日仙洞御作文必定候云々、左衞門督殿之
御方御遊御參、不可入詩御點給候之條、以外御沙汰候、如被仰下候、坊御時御參兩道候了、昨日謁
奉行事候間、此御事隨分申所存候了、御稽古御事、以外御數寄、連々拜見、御作文如御詩會、如法」
（36ゥ）内々御沙汰候分申候之處、さては如然御沙汰候けり、けにもさやうに候はんにはなと快然之躰候

き、其後又謁大理（資明）事候き、其時も又随分申候了、尤可然之由申候き、聖廟照鑑候歟、條々非矯飾候、
坊御時晴御作文にも兩道御參事まて申入候了、將又詩歌已下散狀注進仕候、以此旨、可令洩申給、
在成誠恐頓首謹言、

（暦應二年）六月廿六日　　在成上

「（ウハ書）（切封墨引）　　在成上」

○通冬院作文會ノ御點ニ漏レタル事、暦應二年六月二十四日條ニ見ユ、

---

(38ウ)
「（端裏書）仙洞女房奉書　暦應二六廿六」
御遊にしやうか御ことかけて候、左衛門督殿御まいり候へ、もし詩の御會なとに／御まいりあり
たくや候はん、／さやうにも候はゝ、もよをされもし候はん、かまへて／＼御まいり候へく候と
申とて候、あなかしく、」

(39ウ)
（切封墨引）

○通冬院御遊ニ重テ參仕ヲ仰セラルル事、暦應元年六月二十六日條ニ見ユ、

○暦應二年秋冬記ハ、東京大學史料編纂所所藏原本卷三ヲ以テ底本トス、

史料編纂所
所藏原本卷
三

（後補表紙打付書）
「暦應二年秋冬」

（原表紙打付書）
「暦應二年己卯、秋冬　　愚記」

（原表紙見返、別筆）
「　御出仕目六

一、長講堂供花事、　一、平野祭事、并御着陣、
一、軒廊御卜事、　一、賀茂臨時祭事、
一、佛名事、　一、任大臣節會事、
一、荷前追儺事、并小除目事、　一、還幸供奉事、
　此外宣下以下事、少〻在之、

　　從二權中納言　御歳廿六、」

(1張)暦應二年己卯、

七月

瘧平癒ス

十三日、天晴、予瘧病落居了、自去月廿二日大略連日責伏之間、累日窮屈以外也、此間醫師覺種(弘景)少輔入道、和氣氏也、致沙汰良藥天雄圓、一兩日服之、聊有少減之氣、其後又以符術落之、

沐浴

廿二日、天晴、今日所勞以後始沐浴、入楊枝、

中院通數出家ス
父通顯猶子タリ

廿七日、天晴、少將通數(中院)朝臣自夜前逐電、方々相尋之處、淨花院長老故向阿上人(是心)弟子聞智(光源)爲戒師遂出家之素懷云々、家君(中院通顯、通冬父)御悲歎無他、□(彼)朝臣實者三位入道殿(中院、通冬叔父)通持、息男(×御息)也、而自襁褓爲御猶子儀令養育給之間、多年撫育之餘、彼誠無比類者歟、年來有佛道修行之志云々、

(2張)八月

八朔

一日、天晴、恆例有憑事、

父通顯光嚴上皇ニ八朔ノ禮物ヲ獻ズ

二日、家君(中院通顯、通冬父)被進憑物於　仙洞(光嚴上皇)、

石清水八幡宮放生會

十五日、放生會、傳聞、上卿新中納言(正親町)公蔭卿、參議松殿宰相中將忠冬卿、弁長顯(葉室)、

駒牽
上卿勤仕ヲ仰セラルルモ所勞ニヨリ辭ス

十六日、駒牽云々、參議實夏(洞院)卿、上卿可尋、

予可奉行之由、雖被仰下、所勞曾不復本間、申故障了、

後醍醐天皇十六日崩御ノ報アリ

十九日、吉野御所（後醍醐天皇）先朝御事也、去建武三年十二月吉野爲御所構城郭、去十六日崩御之由、有其聞、連々有巷說之間、猶不足信用、但自南都兩院家（一乘院覺實・大乘院孝覺）告示武家（足利尊氏）、仍及奏聞云々、••（×云々）猶無治定之說歟、

崩御實說ナリ

宣政門院服暇ニヨリ今出川實尹邸ニ遷ル

廿八日、吉野御所御事、此間雖不信用、自武門治定之分重申入之由、令風聞、仍宣政門院（懽子內親王）遷御今出川大納言實尹卿第云々、依御服暇也、天下之重事、言語道斷之次第也、公家之衰微不能左右、愁歎（3張）之外無他事、諸道再興、偏在彼御代、賢才卓爍「于」（補書）往昔、衆人不可」不悲歎者歟、春秋五十二、後宇多院第二御子、諱尊治、

武家ノ所存ニヨリ雜訴ヲ止ム

傳聞、讚岐院（崇德天皇）・隱岐院（後鳥羽天皇）之時、不被止御物沙汰（雜訴云々、）仍今度不被止、卽可用其儀之由、爲大理資明卿（柳原）奉行被相觸了、且又被仰武家云々、而此御事治定之後、於武家者有存之旨、止雜訴之由申云々、依之公家被停止七个日云々、可謂朝議之輕忽者歟、不可說々々々、莫言々々、

九月

皇大神宮造替ノ杣山ニ就キ議定アリ

•廿七日（×四）、雨降、•今夜（×日）被行仗議云々、神宮御杣事、傳聞、內府師平公（鷹司）・三條中納言實治卿・別當資明卿（柳原）、・右兵衛督、實夏卿（洞院）、執筆、於當座不書上之云々、後日相尋本寫載之、」

（4張）〇四張ヨリ八張マデ、別筆ノ寫ヲ貼繼グ、宿紙、

定文

官外記勘申、　皇太神宮造替御杣山爲凶徒在所、何樣可有沙汰哉事、

鷹司師平ノ申狀

內大臣定申云、太神宮造替者　皇家之大營、　宗廟之重事也、而嘉元（二年十二月二十二日正遷宮）營作神道山（伊勢國度會郡）良材採盡之間、始被

用江馬山(伊勢國多氣郡)□材□是雖爲末代之新義、重。可追往時之遵行處、凶徒架城郭、軍士絶道路、誠難採料木於彼山者、可被遷御杣於他所乎、如祭主卿(大中臣親忠)解状者、可被移料材合期國云〻、然而忽離鎭座之州郡、遙入他國之山林之條、神鑑多惶、愚慮叵決、被仰合造宮使、被用如阿曾山(伊勢國度會郡)猶可被尋當國境歟其土所宜須課龜歟、尚又(×可)被尋近國歟、筮被決狐疑乎、

三條實治ノ申状

(5張)

實治卿、權中納言藤原朝臣定申云、就兩局勘　奏」案一決之可否、　宗廟之剳劂者　王家之重事也、暗愚之至、商量難覃、但造宮使本解之趣、子細雖多、以料木採用之御杣、爲凶徒群集之在所、可被移他國云〻、是以粗訪先蹤、專於正殿之營作者難用他杣之土木之趣、長暦(二年九月十六日正遷宮)之嚴制、先史之所記載而炳焉也、然而於今之擾乱者、綷已爲新儀、更難據舊貫、抑案事情、天武天皇御宇、定置廿年一度之造替、漸送六百餘歳之居諸以降、用來神道山之料木之條、雖爲恆式、必限此御杣之一所、不採用他山之衆木之義、未見已往之永格、强無分明之式文歟、只以經始爲本緣乎、加之考古典、大廈之。材非一丘之木、廟廊之材非一木之枝、其義如何、況又嘉元造替之時、根本之御杣依伐竭要木、難終匠石殊功□先捧神宮之　奏狀之間、或任群儀、或決御卜、終被移江馬山訖、

(6張)
先事之所營者後昆之鏡也、就中」彼山未靜謐、徒待干戈之愷悌者、造營有年紀、爭閣斧斤之締構哉、以之思之、被用他杣之條、云理致云近例、更不抵梧者也、雖然於他國之料材者神慮難測、民力有費、猶早以當國無爲之境內、尋搜麗谷之所、宜檢知良木之所攢、急速可裁定之由、可被仰造宮使歟、爰

同國之中誠其山難得、其木難度者、默而又不可止、縱雖爲他□被宥用之條、何事之有哉、且者寛仁(九月五日正遷宮、用材ヲ志摩國答志郡ニ需ム)三年之造替、已貽一代之蹤跡、然者就今度之儀可資准的哉否、宜爲　聖斷哉歟、次山口祭事、本宮之禮奠如當時者、難被遵行、歟然者延否之准據、就官外記之例、可有其沙汰乎、此上若
叡心有猶豫者、恰給先決卜筮、可被用捨矣、

柳原資明ノ申狀

(資明卿、)右衞門督藤原朝臣定申云、就兩局勘　奏、廻一致愚案、寛仁三年答志郡(志摩國)之良材、嘉元三年江馬山之(7張)御杣、斯ホ先規雖似准的、彼時者依料材伐盡、今度者依□國壅塞、加之伊勢・」志摩兩國上古是爲一州、神道・江馬靈地近邊皆爲神戶、參州設樂郡者、(×自)自勢州已爲遙邈之地、思其土不弁淸淨之儀、土非所宜地非有便、被用彼杣之條、難決愚慮者也、利不百不變法、功不十不易器、且弘安(八年九月十六日正遷宮)爲成朝臣(大中臣)雖望申美濃國杣、不及　勅許、被改補其職於爲繼朝臣(大中臣)、被遂無爲之遷宮云〻、先事已在眼、今儀須伏膺、抑神三郡(伊勢國度會郡・多氣郡・飯野郡)凶徒未令退散、幣使以下無發遣、若是公家肅信未通　宗廟靈鑑之故歟、偏凝叡誠宜被祈謝哉、神之所□□明德也、黍稷之供非馨、神之所依者誠信也、蘋蘩之菜可□專被施仁惠於邂逅族、被(8張)致崇敬於眞實者、逆賊之敗亡不可廻踵、尊神之祭祀」盍復舊蹤、天道与善神道憑信、然者臨國中之靜謐、速被遂山口之祭事、以嘉元以來之例、可被採江馬山之材歟、且以十八年〻記被　宣下者存先例、明年被行彼祭之條、有何事、但兼日之料材依無用意、式年之遷宮可爲難治者、早課龜兆宜決狐疑乎、

洞院實夏ノ申狀

實夏卿、
右兵衞督藤原朝臣定申云、就兩局之勘例、溫　宗社之舊儀・造替之年紀、定置一个條之式文以降、運轉之涼燠已疊數百廻之聖曆、載安而不渝、曾難及豫義、爰神道・繪〔江〕馬之御杣、凶徒猶成其妨、蜺棟虹梁之材、工匠不能剪伐之由申之歟、有限之式年難被延其期、雖爲他山之杣、盍採造營之材、所謂大厦之才非一丘之木、縱非國中之杣、若無　廟鑑之隔者採用有何難乎、但冥慮叵測、宜被決御占歟、抑如傳聞者、凶徒不退散、神境不靜謐者、今年山口祭難被遵行云〻、然者徒雖被定御杣、更無益于造宮歟、旁廻籌策可有沙汰乎、古典云、苟有明信、宗廟靈神何不歆享、　叡情被凝敬神之誠、政道被施撫民之化者、　皇家之無爲再歸淳風之德、靈臺之□□定終不日之功者哉、

暦應二年九月廿七日　」

（白紙）　」

（9張）（10張）

十月

旬平座

一日、平座、大宮中納言隆蔭卿（油小路）參、弁・少納言不參云〻、參議又不參云〻、

長講堂供花
光嚴上皇臨幸アリ
出御ニ參仕ス

三日、長講堂供花、自去廿八日被始行、今日夕出御、〻簾予參候、直衣下紐、參六條殿、院（光嚴上皇）御小直衣也、予候御簾、　上皇御着座後、蒙御目、其後候御座末程、大理卿（柳原資明）同參候、上古彼朩家不昇高官之時不參云〻、

上皇栂尾ニ御幸ス

八日、天晴、辰刻　御幸梅〔栂〕尾、高山寺、御輿駕御云〻、北面・隨身朩走云〻、公卿、竹林院大納言公重卿（西園寺）、香狩衣、・

三條宰相中將、實繼卿、薄青、殿上人、ヒ□色狩衣、(四條)隆持朝臣・(柳原)宗光云〻、

十一月

光嚴上皇舞樂御覽

四日、・天(×仙)晴、今日(光嚴上皇)仙洞舞樂御覽云〻、

參仕ノ人々

公卿　(洞院)冷泉大納言公泰卿、笙、　竹林院大納言(西園寺)公重卿、比巴、　大炊御門前中納言氏忠卿、笛、　園宰相基成卿、比巴、」

(11張)右兵衛督(洞院)實夏卿笛云〻、　殿上人、(四辻)實彦朝臣笛、　按察中納言(勸修寺)經顯卿、　洞院新中納言(正親町)公蔭卿、

別當(柳原)資明卿、　任位次着加云〻、

箏

(權子內親王)宣政門院　(洞院實子)宣光門院　大納言三品局

簾中

小督局　・坊(×時)門局　時〻彈之云〻、

比巴、(藤原)孝重朝臣　同、(園)基宣朝臣

(楊梅)能行朝臣　(楊梅)兼親朝臣

篳篥

(楊梅)忠俊云〻、

上皇ノ所作無シ

上皇無御所作云〻、

樂目錄

樂目六

左　右

賀殿　地久
春鶯轉　古鳥蘇
青海波　退宿德
太平樂　長保樂
拔頭　林歌
陵王　納蘇利
舞人　左七人、右五人、

樂人

地下樂人
笙　（豐原）龍秋　（豐原）則秋　（豐原）維秋　（豐原）成秋
笛　（山井）景朝　（山井）景茂　（山井）景重
篳篥　（安倍）季氏　（中原）茂政　（安倍）季景
大鼓　（豐原）信秋
鞨鼓　（多）久俊　面〻（×打之）打之云〻、　鉦鼓」

（12張）
（白紙）」

平野祭上卿ヲ勤仕ス

（13張）
五日、天晴、今日平野祭也、下官可令參行之由、藏人左少弁（柳原）宗光爲奉行相催之間、申領状了、

平野臨時祭
爲宣命奉行事、同可存知之旨、相觸之間、申(×予)領狀了、爰予以出仕之次、(×予)未着陣、仍可令通用、官外記兼日相觸了、中文・吉書〻宗光可存知之旨返答、

參內

未明解除、沐浴、着束帶、(蒔繪大刀、紺地平緒、無文帶、)駕毛車、〔諸カ〕師綱、(下簾如常、)申刻許參內、(正親町以南、土御門以北、東洞院東頰、)於一條東洞院下車、(隨身二人、壺垂袴、)六位史前駈一人(高階)時茂、召具之、布衣上結、侍一兩人召具之、入棟門、

任左衞門督ノ著陣ヲ遂グ

六位史(高橋)俊春來云、奉行職事未參、無御催促者可遲〻歟、仍遣使者再三責伏、良久參陣、官人未見、史相語掃部寮、內侍年少未練者如形扶持立之、仍不申時、不可爲後例、着陣之儀、當時無宜陽之間、不着之、(口傳思出吉事云〻、)卽着陣奧座、揖如常、小時起座、移着端座、揖如常、(向奧揖、向直參議座方、以扇直沓、)召官人、(二音、)令敷軾、頃之弁進着陣、(横切座、先之於床子座見□)次史插(×申文)中文於文杖、進宣仁門代邊、弁先申〻文候之由、予目許之後、顧左、

中文ヲ見ル

(14張)
其時史雖可進、弁未練之間每事無沙汰、仍卽史進小庭、予目許、」稱唯來軾、予以左右手取文置前、史座定後、見中文、(其儀、引披懸紙、(乍付疊披之、)以右手文ヲ押ヘテ、以右手懸紙端ノ上ヲ引、次同下ヲ引之後、又以右手文ヲ懸紙端方ヘ押遣、(乍付紙押遣也、)卽以右手又押文テ、以左手禮紙奧下ヲ引テ、又同上ヲ引之後、持上テ披見、隨見了、置禮紙奧方、如元卷加懸紙、(乍付疊半許卷之後、持上テ卷之、))見了下史、〻一〻結申(其儀披禮紙作法不異、披文向座下、以左右手押合テ謦屈、伺氣色、予目許、每目許史稱唯、)退、次弁宗光退、

吉書ヲ下ス

次職事(宗光、藏人弁也、)來軾下吉書、予披見結申、(向座下方、押合テ當胸程、卽卷之、此時微唯□□也、)卽返下、(依爲弁也、)宗光結申退、次召官人令撤軾、次向直奧座方、揖起座、着沓揖、出宣仁門代、登中門、已及晩頭、忩可 奏聞宣命之旨、示奉行、

尋デ宣命ヲ奉行ス

內記不參之間、以史可爲代、使責伏之程云〻、予曰、然者先可奏宣命、仍着殿上、昇中間、(不經小板敷、)

宣命ヲ奏上ス
中院通頼記
中院通重記
平野祭使遲參ニヨリ宣命ヲ下スニ及バズ
平野社ニ參ル
社頭ノ儀
和舞獻盃
見參ヲ見ル
退出ス

大臣經之、着上切臺盤下、史即持參宣命、入筥、予召藏人、藏人不見來、毎事闕如(×之)歟、二音、男《ヲノコ》共ト召也、以召奉行、藏人〻近奉行職事來、以內豎召內記之由、故一位(中院通頼、通冬曾祖父)殿御記幷故內大臣(中院通重、通冬祖父)殿御記分明也、而近代召藏人云〻、追猶可尋決、奏聞宣命、入筥、史俊春內〻相語曰、近日公事更無跡形、於事陵遲不可說云〻、驚歎無極者也、頃之被返下、使猶不(15張)參、使遲參之時、[被]預內記歟之旨、」職事申之、仍入筥下之、使參之時、召使給宣命、次召內記返給筥、本儀也、內〻預置職事、史退出歟、予即起座退出、乘車、隨身。所從役也、向平野社、於鳥居外下車、已昏黑之程也、着南舍、東上北面、當時無其所、立幄也、內侍勾當、參向、向車於社頭立之、左中弁源(壬生)雅顯朝臣候陪膳之間、及遲〻了、弁着予座下、予左ニ當、外記幄、上卿・弁後、六位外記某、着、官掌着其下、令催促社頭儀、山人進立歟、依相隔不見及、供神膳之由答、仍予召〻使、召使參進、予仰曰、大藏乃省《ツカサ》召せ、召使退、次丞進立、問云、誰ソ、代官之間、(16張)有若」亡、敢無返答、予仰曰、鬘木綿給へ、次持來鬘木綿、以絲(×如絲)也、予取之、懸冠、讀祝云〻、拍手不聞、(行間補書)「次引廻神馬、」次和舞事催促了、强予雖不可下知、及遲〻間、下知了、次獻盃一獻、先例三獻、近代一獻、即居汁物、弁云、申箸或不申不同候歟、可爲何樣哉之旨申之、予答云、所存强不可申歟、即予立箸、次弁召官掌、二音、拔箸、次省錄參進、弁問云、誰ソ、姓名申之、仰詞不聞、次外記進見參、予披見、即返給、將監候之時、下將監、不參之時如此、不待使參常事也、下官內〻參社頭退出、先〻有私奉幣、今度卒爾之間、以料物百疋送遣兼彥(卜部)宿禰、官掌(中臣)國明於門前取松明、召使早出云〻、從神態之初度之間如此、毛車借用今出川亞相(實尹)了、於陣見文結申次第、雖何文不可相違之間、爲向後以次委細注置者也、亥刻許歸仁和寺、

見參平野祭上卿・弁二人載之、書年号月日、入筥覽之、

春日祭

今日春日祭也、上卿侍從中納言、隆蔭卿(四條)、弁權弁長顯(葉室)云〻、

內裏修理ノ爲持明院殿ニ行幸アリ

(17張)廿日、今夜 行幸(光明天皇)持明院殿、還御追(×可)可被仰云〻、爲當時內裏修理也、予供奉事申故障了、」

十二月

光嚴上皇ヨリ賀茂臨時祭庭座參仕ヲ仰セラル

八日、天晴、自仙洞(光嚴上皇)女房奉書到來、賀茂臨時祭可爲來十三日、庭座公卿及闕如、下官可被沙汰進之由、被申家君(中院通顯、通冬父)、此間奉行雖責伏候、難治故障非一事之間、申入其子細之由、被申之、及夕陽之程、又御書

春日社神木入京ニヨリ藤原氏公卿出仕能ハズ

到來、依神木事(本年十一月九日、春日社神木動座ス)氏公卿ホ出仕抑留、予不參候者難被遂行候歟、不及行粧之沙汰、可構參之由、種〻

重テ出仕ヲ仰セラル

被仰下、仍此上者可構試之旨申入了、」

(18張)「(別筆)曆應二己卯　從二位權中納言　御年廿六(五)、、」○十八張ハ、モト十七張ト一紙ナリ、截斷セラレ別ニ傳來シタル時、記サレタルモノナラン、

軒廊御卜

十日、晴、今日御躰御卜奏也、予可奉行之由、頭中將資兼朝臣(二條)相催之間、自兼日申入領狀了、藏人左少弁宗光(柳原)可被行軒廊御卜、可奉行之由、相催、同領狀了、先〻着直衣參於局、爲改裝束也、參內、持明院殿也、

上卿ヲ勤仕ス

(19張)爲土御門殿修理、幸此」御所、仙洞者爲中園殿、春宮御方(益仁親王、ノチノ崇光天皇)猶爲此御所、 禁中寂寞也、仍先參 仙洞、軒廊御卜已令催具由宗光示之、則下本解、予取之、歸參內裏、於對屋着束帶、蒔繪劍、無文帶、紺地平緒、隨身一人壺垂袴、諸大夫一人・侍一人召具之、予入

著陣
神祇官竝ニ陰陽寮ノ人々著座ス
皇大神宮造替ノ杣山ニ就キ占フベキ由ヲ仰ス
大中臣氏ノ代官參仕ハ前例無シ
奉行初度タルニヨリ弓場ニ於テ占文ヲ奏聞ス
御體御卜上卿ヲ勤仕ス

中臣氏遲參、然而有其例之上、及遲〻之間、先行事也、本解懐中着陣、以車宿爲其所、先奥、次移着端座、召官人令敷軾、次以官人召外記、〻〻參進小庭、問官・寮參否、其詞、神祇官・陰陽寮ハ候哉、外記申候之由、予目許、次以官人召弁、宗光、來軾、予仰可令敷官・寮座之由、次敷座了、次召外記、可《令》着官・寮令着ヨト仰之、次神祇官兼員(卜部)・兼豊(卜部)・兼前(卜部)着座、寮三人經數刻着座、件座陣座前立蔀內、官ハ東上南面、寮ハ西上南面、官与寮以中爲上首也、次予目官兼員、〻〻參軾、下本解、神宮御杣事卜(×占)申ト仰之、本解可傳寮、次歸(×退)座、次目寮、〻參軾、仰詞如前、次主水置水、次主殿置火、各入坏也、此間中臣氏參着、兼員云、神祇權少副大中臣親直兼日領狀、進代官、曾無先例事候、着座之段可有猶豫處、爲正員歟之間、可着加之旨申了、此上者只以正」員名字可加暑〔署〕歟、予云、無先規者不可然、以親直可加署歟之旨答之、代官末(×座)座ニ着也、

(20張)

次官占文《御卜》令清書、各加署入筥本解縦入之、御占横入之、進之、予披見置座奥方、本解同取出之、返給筥、次寮御卜《占文》入筥進之、如前返給筥、次召外記筥、外記持參筥、卽欲退、予召留之、外記近例乍座御奏聞之間、欲退出之由令申、予爲略儀歟、今度公事奉行爲初度、可進弓場、則起座、令持之(×付)就弓場奏之、御卜被留御所、被返下筥、予歸着陣、官・寮共退出、早令撤座條、不可然歟、仍可撤▨《座》之由、不仰之、又不撤軾、可有他公事之故也、次御躰御卜、奉行未參、仍六位藏人爲常事上者、可候之由兼仰之了、其儀、外記來小庭、御卜奏候之由ヲ申、予目許、外記退、次神祇官兼員、挿奏案於文杖、着軾、予披見之、置座奥方、官持空杖歸入、次

神祇官昇案、立小庭、案上置筥、次外記取筥、黒筥、御卜也、次予付藏人奏聞、留御所、藏人歸出不仰是非、未練(21張)之至也、依奏行ヘト可仰也、次予(×予 次)召外記仰此趣、次撤標、次令撤軾、予揖」起座、於局改裝束、已及秉燭、退出于西郊、窮屈無他者也、官・寮御卜案文尋取續之、

口宣ヲ外記ニ下知ス
任權中納言ノ後初度タリ

今日出仕以前、宣旨到來、卽下知外記了、任納言之後爲初度。間、注置之、

宣旨送文

口宣一紙獻上之、早可令下知給之狀、如件、

十二(×十)月六日　　左中將資兼

謹上　左(通冬)衞門督殿

口宣

追上啓、

隆廣(大中臣)御躰御卜候事、彼仁に早速可有御下知候也、

曆應二年十二月七日　宣旨

從五位下大中臣朝臣隆廣

宜令任神祇權少副、

藏人頭左近衞權中將藤原資兼奉

上卿下知狀

口宣一紙獻之、早可被下知之狀、如件、

曆應二年十二月

暦應二年十二月

十二月十日　　左衛門督（花押）冬○通



大外記文亭

（22張）○別筆ノ寫ヲ貼繼グ、

神祇官占文

神祇官

ト吉凶事、

問、造伊勢太神宮御杣被移參河國設樂（設樂郡）山吉凶如何、

推之、被用件山吉欤、何以謂之、地《ト》行見者爲理運、神稍起者主繁昌、□兆次者有慶無厄之故也、

暦應二年十二月十日

宮主從五位上行大學權助卜部宿禰兼前

從五位上行權少副大中臣朝臣親直

正四位下行權大副卜部宿禰兼豐

正四位下行權大副卜部宿禰兼員

陰陽寮占文

陰陽寮

占、造伊勢太神宮御杣山依有違乱、被用參河國設樂山吉凶如何、

今日甲午時加申、奉　宣旨日時、功曹臨戌、爲用將天后、中勝先將白虎、終何魁將六合、卦遇類炎上跡

跪、佼童造女、無婬三光、

推之、宜欤、何以言之、用發木神帶吉將、終幷辰上見土神得良將、卦遇三光、是主宜之故也、

曆應二年十二月十日

權天文博士安倍朝臣泰尚

助安倍朝臣良宣

大膳大夫安倍朝臣泰世」

# （東京大學史料編纂所所藏中院一品記卷三紙背文書）

○後補表紙見返、
秋日同詠三首和歌

孝以

閑庭露滋
夏草もはらはぬまゝの庭のおもの露しけき秋をとふ人もなし
鹿交草花
風わたる小萩かもとのさをしかのこゑも色なる秋の夕くれ
歎無名戀
つれなさのこゝろはよそにしら雲のたつ名くるしきわかおもひかな

---

(1ウ)
謹奉候訖、御瘧病事驚存候、可參申入候、兼又官廳高御座觸穢事、去五月廿七日見付之由、奉及候、
師右（中原）誠恐謹言、

七月廿日（暦應二年）　　師右請文

○高御座ニ死人アリテ觸穢トナル事、暦應二年六月三日條ニ見ユ、

（3ウ）（9ウ）（3ウ）（9ウ）

「*1尚〻全分未及茶之沙汰候之間、他所祕計も不叶候覽、」出來候者、早〻物給候欤、」進上返〻
恐恨候、向後可謝（×散）申入候、此懇切」候也、

（2ウ）

先日委細蒙仰候、特畏悅候、所勞得減候者、必〻可令參仕候、茶事粗申入候之様に、於本所者悉引
*2失候、*3仍非茶三種進入之候、定下品比興之物候欤、殊以恐歎候、」*4或好士此一兩日送給候、「仍（補書）」未能
課試候、*5有御批判可被仰下候、兼又*6通數朝臣（中院）素懷「事（補書）」、慇懃之仰恐与（×殊）悅相半候、凡年來之本意候之
由令申候、更無別子細候「云〻（補書）」、御言付傳達候了、*7御返事卽申入候欤、他事期參啓候、通冬恐惶謹
言、

八月十四日（暦應二年）　　通冬*8

「人〻御中（ウハ書）　*9（切封墨引）　　通冬」

*1　さ様之時分慇懃之御沙汰、返〻難有候、更〻不知所謝候也、
*2　御同心之御音信、殊喜悅候き、御出京之時者、必〻可令立寄給候、
*3　以便宜可進取之由、思給候之處、早速送賜候之條、眞實不知所謝候、連〻御芳志難申盡候、

＊4　心にくゝ候、

＊5　追可申所存候也、

＊6　猶〻以外候歟、禪門(中院通顯、通冬父)悲歎返〻御心苦察思給候、

＊7　慥給候了、又進愚報候也、

＊8　（○深守法親王）

＊9　（切封墨引）　　深守

○中院通數出家ノ事、曆應二年七月二十七日條ニ見ユ、

---

（11ゥ）其後連〻雖參上之志候、所勞連續候上、近日之爲躰如亡、車も不知行方候之間、于今懈怠仕候之條、尤恐恨候、何ホ御事御候乎、脩秋(豐原、曆應二年六月二十八日沒)事、一道之衰微、驚歎之外無他候、此事も專可參申入之由、相存候つ、御悲歎も奉察候、尚〻無申限候、兼又三臺急付所事、爲春宮權大夫(今出川實尹)奉行、被尋下子細於龍秋(豐原)之由承候、粗」（10ゥ）言上被聞食及候歟、其間事も難盡緬面之子細候、必可參入言上候、抑來十八日內〻可被御覽舞樂候、可有猿事候、堂上所作人事少〻御沙汰候歟、左衞門督(通冬)殿御方御參事、一夜御沙汰事候き(×候云〻)、御勞之由被申候し、其後御催御不審之由、被仰下候し、今度之儀、被定奉行人、御教書なと仕て、被相催までも不候、彼御樂返〻さりぬへく候はゝ、承□可申入候、春鶯囀・三臺なとの外は、いたく强物も不候、御勞御無爲候者、相構可有御參候歟、七夕御樂之時も、御會は被申御勞之由候、

日數不經幾程候之間、不(〆被)及被催申候由、御沙汰□(候)者、以次申入候、千萬期參上候、基(園)成誠恐謹言、

(暦應二年)八月六日　　基成上

(切封墨引)　」

(12ウ)
「(封紙ウハ書)藏人大夫殿　　基成上」

○三臺急付所ノ事、暦應二年五月三十日條ニ、豐原脩秋沒ノ事、同六月二十八日條ニ見ユ、

---

(14ウ)
何條御事候乎、其後久不申入恐鬱且千候、

(13ウ)
抑中將殿(通數)御素懷事、昨日始承候、何樣次第候哉、返〻驚歎入候、御心中特以察申」入候、凡無申計候〻〻〻〻、仰天之餘馳言上候、他事併期面上之時候、有光(六條)恐惶謹言、

八月十三日　　有光

(切封墨引)　」

(15ウ)
「(封紙ウハ書)上野守殿　　有光」

○中院通數出家ノ事、暦應二年七月二十七日條ニ見ユ、

---

(18ウ)(17ウ)
御所さまことなる御こともみえさせおはしましさふらはす、法印の御房御しこうの事、」すへて

（17ウ）〱しりまいらせ候はて、／たれ候やらん、たゝ」御むろよりまいりて候人とはかりしりて候つ（16ウ）るに、」この御ふみにこそしりまいらせて候へ、思なしもさては御たのもしきやうに思まいらせ候てこそ候、さてよしの〻（暦應二年八月十六日、後醍醐天皇崩御）御事如法〻〻申あひ、けに候か、／うるはしく一定をみまいらせ候たる物なとか候はぬ程に、猶おほつかなきやうに候へとも、如法一定けに候事ともにて候、あはれなるやうに□まいらせ候、左衛門督殿御いたはり、よき御事に候へく候、返〻めてたく候、かまへて」御出仕も候へかしとおほえ候て、あなかしく、」

（18ウ）「（ウハ書）（切封墨引）

御返事まい［　］」

（16ウ）

○後醍醐天皇崩御セシ事、暦應二年八月二十八日條ニ見ユ、

---

（19ウ）恐鬱之處、畏承候了、抑南方御事（暦應二年八月十六日、後醍醐天皇崩御）大略必定候欤、驚歎入候、雑訴事不被停止候、兼又左衛門督殿御（20ウ）窮屈、返〻無勿躰候、能〻可有御謹愼候欤、蒙仰之趣早可申入候、」以便宜必可參入候也、經顯（勸修寺）恐惶謹言、

（暦應二年）八月廿八日　經顯

（切封墨引）

○後醍醐天皇崩御セシ事、暦應二年八月二十八日條ニ見ユ、

（21ウ）

來月五日可有御着陣之由謹奉候了、早可加下知候、師右誠恐謹言、

（暦應二年）十月卅日　　大外記中原師右請文

○通冬任左衞門督ノ著陣ヲ遂グル事、暦應二年十一月五日條ニ見ユ、

○暦應三年七・八月記ハ、東京大學史料編纂所所藏原本卷四ヲ以テ底本トス、

通冬本年二十六歳、正三位、四月一日叙従二位、權中納言、左衞門督、七月十九日補源氏長者、十一月二十日遷任按擦使、十二月二十七日任權大納言

史料編纂所所藏原本卷四

（原表紙打付書）
「暦應三年庚辰、秋冬　　愚記」

（表紙見返、別筆）
「従二、權中納言、左衞門督、當年十二月廿日兼按察使、去左衞門督、
十二月廿七日任大臣節會之次、令任大納言給、但不見此御記、別（×也）尋出之間、別卷副、○今見エズ、」

（1張）
暦應三年庚辰、

七月

淳和院領丹波國三井莊ヲ安堵セラル

一日、天晴、今日淳和院領丹波國（氷上郡）三井庄事、（光嚴上皇）院宣祝着者也、此事堀川內府（具親）爲別納窮（×舊）冬申給、被相尋兩方所存、及諸卿　勅問了、自　仙洞女房奉書云、七夕可有御遊、予可參仕之旨、被仰下之間、（×申）構得者可存知之旨申入了、

光嚴上皇ヨリ七夕御遊參仕ヲ仰セラル

光嚴上皇院宣

淳和院領丹波國三井庄事、止別相傳之儀、可令知行給之由、
院御氣色所候也、仍執啓如件、

暦應三年六月廿九日　　（高階雅仲）大藏卿判

謹上　（通冬）左衛門督殿

此院宣文章猶追可申直也、

御遊出仕ノ爲土御門親賢邸ニ宿ス

六日、天晴、早旦出京、宿于姉小路烏丸土御門黄門（親賢）亭、爲明日出仕也、藤井嗣家朝臣笛吹、布衣、爲習禮來臨、予吹笙、御遊樂共也、

（約二行分空白）」

院七夕御會詩懷紙ヲ清書ス

（2張）

七日、天晴、今日御會可爲早旦之由、兼日被相催、可有詩幷御連句云〻、予晝程令淸書詩、高檀紙[書]之、如法可爲內〻儀云〻、

通冬詩懷紙

七夕同賦月爲歡會媒應製

一首以秋爲韻、

從二位行權中納言兼左衛門督臣源朝臣通冬上

宜矣二星佳會約、月爲

媒介促歡遊、羅衣迎得

霽天夕、玉鏡瀉將漢水

暦應三年七月

秋、仙疋光儀應織室、

一輪消息入針樓、期唯

歳々綿々久、說厥來由

太有由、

持明院殿ニ參ル

秉燭之程、參持明院殿、予着直衣下絬、乘網代車、遣牛童、御連句已被始云々、則參御前、於寢殿東腋有御會、先之押小路前中納言惟繼(平)卿・別當資明(柳原)卿・平中納言宗經卿・勘解由長官公時(菅原)卿祗候、予參加御前、」

連句御會

(3張)其外殿上人濟々候簀子、執筆師英(藤原)、當時武家經廻之仁云々、韻尤候幽、御連句已二十餘句之程也、公卿候弘庇、敷疊、良久洞院前右府公賢公、參候、七十韻了、即予申上句二句付一句了予終之程巳終頭德大寺大納言(公清)參、不申上句也、御連句了披講、讀師前右府、下讀師公時卿、講師家倫(藤原)朝臣、依兼御製講師爲四品勤之、懷紙ホ付奉行了、(×進)不置御前、略儀也、勘解由長官・在成(菅原)・在淳(菅原)朝臣ホ被召講衆、押小路前黃門同被召加之、披講了、寅刻許也、大炊御門大納言(冬信)遲參(×參)間、御遊不被始、

御遊

上皇出御アリ

奉行令催促、及曉天亞相參、公卿着弘庇、上皇出御、前右府大炊御門大納言香御狩衣、布狩衣、「令」(補書)下絬御、御座妻戸內也、出御之時公卿ホ皆蹲居、隆持(四條)朝臣持參御比巴、前右府取之、立座之時冷泉大納言(洞院公泰)致禮、彼公舍弟也、置　上皇御前、公卿座上、次殿上人置笛箱、二管、笙・篳篥・拍子・笛ホ納之、

右府取之傳冷泉大納言、大納言取之、取我笙置座前、傳〻箱出大炊御門、次傳徳大寺、〻〻〻給予、〻取笙給箱於殿上人、次第如此、各乍座傳之、次冷泉大納言吹調子雙調、予付之、御遊了、次第入笛(×笛)筥返上之、

(4張)
同取下儀、樂ホ大略三反也、冷泉大納言鳥急ニ殘、予賀殿急、又亞相胡飲酒破ニ殘、平調三臺急ニ殘、其外予殘之、嗣家朝臣流笛早速留之間、上首笙二反半許まて吹之、付笛ハ一反或二反、頭まて吹之也、三臺急往昔以來二大鼓ニ付、而龍秋(豐原)當時以新儀初拍子ニ付、自由之進退比興也、彼弟子如此吹之歟、冷泉大納言根本頼秋(豐原)弟子、仍爲當流(×流)、而(×然而)爲近日龍秋弟子、然而猶任本儀付二大鼓、予同時付之也、雖爲沙汰外事、有沙汰之間、聊注載之、

(×樂)講演以下樂之時、

先々豐原龍秋三臺急ニテ新儀ヲ爲ス
洞院公泰龍秋ノ弟子ナルモ之ニ從ハズ

御遊所作人

所作ノ人々

笙

冷泉大納言公泰卿、直衣下結、　予左衞門督、權中納言、同、

笛

嗣家朝臣束帶、

篳篥

兼親(楊梅)朝臣束帶、

暦應三年七月

上皇御所作　琵琶（×巴）・御狩衣、下絬給、

徳大寺大納言公凊卿、直衣下絬、

箏

洞院前右府公賢公、・烏帽子直衣、

和琴

春宮大夫冬信卿、直衣下絬、

拍子

宗重朝臣

」

（5張）〇正文ヲ貼繼グ、モト折紙、光嚴上皇ノ自筆ナラン、

御遊目録

御遊

呂

安名尊　鳥破　席田　鳥急　美作　賀殿急　胡飲酒破

律

萬歳樂　伊勢海　三臺急　我門　泔洲　更衣　五常樂急

」

（6張）〇六張・七張、正文ヲ貼繼グ、

光嚴上皇院宣

月爲歡會媒以秋爲韻、

右題七夕可被披講、凝風情可令豫參給者、依

院御氣色言上如件、宗光(柳原)謹言、

七月二日　　左少辨宗光奉

進上　左衞門督殿

追言上、

刻限可爲巳刻、必可令早參給之由、其沙汰候也、重謹言、

(7張)

堀川具親出家ス

(8張)十三日、內府具親公、去八日辭職、卽其夜遂出家(×素懷)云〻、當家之衰微不便〻〻、子息別當入道具雅(堀川)、去二日薨去、依彼悲歎遂此素懷歟、

源氏長者竝ニ奬學院別當ニ補セラル

然間氏長者幷奬學院事、任先規可被宣下之由申入了、付洞院前右府、

十八日、天晴、今日源氏長者幷奬學院別當事被宣下、職事藏人左少弁宗光、上卿春宮大夫冬信卿也、氏長者事別被宣下哉否之由、宗光相尋之間、如然之由返答了、此事正應(元年九月十二日、源通基)以下大略被　宣下也、

宣旨送文

口宣二枚獻上之、早可令下知給之状如件、

七月十八日　　左少弁宗光奉

曆應三年七月

暦應三年七月

進上　春宮大夫殿

口宣

暦應三年七月十八日　宣旨

左衛門督源朝臣

宜爲氏長者、

藏人左少弁兼左衛門權佐春宮大進藤原朝臣宗光奉

口宣

暦應三年七月十八日　宣旨

左衛門督源朝臣

宜爲奬學院別當、

（9張）

藏人左少弁――、、

口宣

上卿下知状、

暦應三年七月十八日　宣旨

左衛門督源朝臣

宜爲氏長者、

權大納言藤原冬信奉

口宣

暦應三年七月十八日　宣旨

左衛門督源朝臣
宜爲奬學院別當、
權大納、、

宣旨到來ス

表書云、左中弁(壬生雅顯)殿　權大納言冬信
廿日、今日奬學院別當ホ　宣旨到來、史可持參之處、中次男ホ所勞故障之間、以新儀內〻以持參之躰可送進之由、被仰之、更不可爲後例也、祿物絹一疋也、

宣旨

權中納言兼左衛門督源朝臣通冬
左中弁源朝臣雅顯傳　宣、權大納言藤原朝臣冬信宣、奉　勅(光明天皇)、件人宜爲源氏長者者、
暦應三年七月十九日　修理東大寺大佛長官左大史小槻宿禰(壬生)匡遠奉

宣旨

(10張)

權中納言兼左衛門督源朝臣通冬
左中弁源朝臣雅顯傳　宣、權大納言藤原朝臣冬信宣、奉　勅、件人宜爲奬學院別當者、
暦應三年七月十九日　修理東大寺大佛長官左大史小槻宿禰匡遠奉

卜部兼員來ル
平野社初度奉幣次第ヲ持參ス

廿一日、天晴、今日平野社正預兼員(卜部)參、予對面、家君(中院通顯、通冬父)同御對面、長者參賀也、初度奉幣次第持參之、當社事源氏長

暦應三年七月

每事之者成敗之間故、令參歟（ヽ也）、

親賢邸ニ赴ク
廿三日、今日出京、姉小路烏丸黄門（親賢）亭、明日爲連句也、

親賢邸月次連句會
廿四日、天晴、在成朝臣來、治部卿、□□連句月次始之、三十韻、在顯（菅原）・在員（菅原）召具之、亭主前黄門同接此席、晩陰事了、

仁和寺ニ歸ル
廿六日、早旦歸于仁和寺了、

八月

石清水八幡宮御正體紛失ス
八日、（ヽ十）八日傳聞、八幡寶前御正躰去四日紛失云々、希代之珍事也、件「御」（補書）正躰貞觀（二年四月三日）草創之時、行教和尚奉鑄歟」、執行覺延注進案尋取記之、

執行覺延注進狀（11張）
注進　石清水八幡宮御[正]躰紛失事、

右當宮外殿御簾御正躰花形、・西御前三面内中御正躰令紛失給、只今午時就奉見出、注進言上如件、

暦應三年八月四日

執行權律師覺延

（約五行分空白）

御正體左女牛若宮八幡宮ニ遺棄セラル

十五夜御會參仕ヲ仰セラル

洛中ニ火アリ

十一日、天晴、八幡御正躰置▨左女牛若宮石清水前庭上棄之由有風聞、久我前右大臣(長通)馳參之旨有其說、夕方程御敎書到來、十五夜　禁裏(光明天皇)御會也云〻、雖有痢病事可扶參之旨申之、當御代未無御會、如法內〻儀歟、今夜子刻許洛中有燒亡、」

光明天皇綸旨

(13張)〇十二張・十三張、正文ヲ貼繼グ、宿紙、禮紙ヲ先ニ繼ギタルモ、改メテ掲グ、

禁庭月久明(便用明字、)

右題十五夜內〻可被披講、凝風情可令豫參給之由、

天氣所候也、仍言上如件、宗光(柳原)謹言、

八月十一日　左少辨藤宗光上

進上　左衞門督殿(通冬)」

(12張)

追言上、

刻限可爲未一點、可有御連句之由、其沙汰候、可令存知給候也、重謹言、」

持明院殿惣門ノ近邊ニ火アリ

(14張)「(行間補書)十二日、傳聞、去夜燒亡、持明院殿南惣門前邊、菊亭大納言(今出川實尹)・別當(柳原資明)宿所近〻、則訪遣了、」

石清水八幡宮放生會ニ上卿等下向ス

(15張)十四日、放生會、上卿竹林院大納言、(西園寺)公重卿、參議新宰相保有卿(持明院)ホ下向云〻、

上卿行粧、

前駈二人・侍三人・衞府長一人云〻、

御會ノ詩題ヲ改メラル久明親王ノ名ヲ憚ル

明日御會題被改云々、御教書到來、久明親王御名字指合之故歟、」

(16張) ○正文ヲ貼繼グ、

柳原宗光書狀

明日御會題、禁庭看月久、〔以明爲〕韻、如此被改候、可令存知給候、兼又刻限事別被忩之子細候、午一點可令參仕給之由、其沙汰候也、宗光謹言、

八月十四日(×三)卯刻　　宗光上

(通冬)三條坊門殿」

石清水八幡宮放生會

參院ス

持明院殿ニ於テモ院十五夜御會アリ

通冬院御會參仕ノ仰セアルヲ知ラズ

(17張) 十五日、天晴、今日依放生會爲神事也、午刻許着直衣、下絬、着詩懷紙入懷中、駕網代車遣牛飼、參　內、陣邊無人之間、先參　仙洞、(光嚴上皇)持明院殿、三條中納言實治卿。束帶祗候廂、予暫言談、彼黃門參此御所御會云々、詩題、世治多月光、題中、乞予懷紙見之、予又乞黃門懷紙見之、三條黃門於此御所可勤讀師、其間事予相談了、次申入女房、々々對面、今日御會無人之處、參神妙之由被仰下、必可參之由、重今朝被仰云々、予不存知之旨申之、次予申〔今日〕云可爲讀師歟、然者講頌人數幷講師事、於　禁裏可伺申歟、將又自此御所被定下歟之旨申入之、已被申　禁裏、都。爲無人歟、可被計仰之由被申之(×也)上者、可尋申之旨

院和歌御會アリ

(18張) 被仰下也、御連句之後可有歌御會云々、兼日懷紙之外短册可有其沙汰云々、」追可尋記、自晝程可被始云々、

和歌題

月出山　野月明　庭上月　民部卿(御子左)爲定卿出題云々、

予懐紙案、高檀紙、上下聊切之書也、爲晴御會始以前之間、不書應製臣上、仍官姓名字許也、・有兼官之人不書本官也、

**通冬詩懐紙**

八月十五夜同賦禁庭看月久

一首以明爲韻、

左衞門督源通冬

九禁久看三五夕、便知
庭月耀　皇明、紫微斷
當萬秋影、金闕照來千
古晴、皓色幾廻仙砌下、
清光無限御溝程、良辰
良夜獻詩處、陪宴順臣
歌太平、

**十五夜御會出御アリ參仕ノ人々**

於寢殿東腋方有御會、酉刻大理(資明)參、秉燭之程、　主上出御、〻引直衣、妻戸內御坐、被卷上御簾、公

（×也）云〻、東韻定也

(19張)卿、予・別當資明卿、・勘解由長官(菅原)公時卿、・坊城三位、(東坊城)茂長卿、勘解由長官令遅參、」仙洞御連句晩頭事終

殿上人ホ候簀子也、

披講

讀師ヲ勤ム

入御

駒牽延引スベシ

久我長通邸ニ赴キ石清水八幡宮御正體歸坐ニ就キ談ズ

云々、其以後參了、御連句五十韻、執筆在顯(菅原)、陽唐韻、予一兩句付之、子(×丑)刻許御連句了(×了)、披講、講師左少弁宗光、予移着讀師座、圓座、懷紙不置之、兼取重長綱(東坊城)下讀師也、置御硯筥蓋、如納物置之、予次第引披之置之、講頌人數隨御目召之、其詞、別當、勘解由長官、在成朝臣、此外不參也、臣下懷紙向御所方各披講了、撤懷紙置板、宗光欲退之間、予召留之、御製講師兼帶料也、次被出御製、次予取之引披置、今度向臣下方也、事終入御、面々退出了、

明日駒引、依御馬未到延引云々、

(約七行分空白)」

(20張)十六日、早旦向久我前右府(長通)第、卽對面、於公卿座言談、其次八幡御正躰事被相語、去十日棄置左女牛若宮庭之由、彼(×被)別當僧正賢助示給之間、則十一日馳參令拜見之處、無相違、十二日夜御歸坐、祠官以下參向、令供奉、其儀、(脱アルカ)被神輿歸坐云々、十五日放生會以(×有)前、有御歸坐者、諸人「爲」(補書)令拜見可宜欤之由、社家頻忩申、可爲何樣哉之由有　勅問、被召放生會前後之間、可被召鬮欤之旨申之、後聞、兩樣被勘卜筮之處、以前吉云々、仍被忩之、卒爾之間、不及氏公卿供奉也、以▨爲放生會以後者、可被催之由有其沙汰云々、歸(×無)坐之儀可爲何樣哉之由、被仰社家之處、檢(×然)校通淸法印被准神躰可有沙汰之旨申之、別當曩淸法印通淸舍弟、可被准神寶之由申之、祠官少々ホ同于其儀云々、兩儀可爲何樣哉之由、以侍從中納言隆蔭卿(油小路)、當社傳奏、被仰合之(×間)間、前右府申云、通淸法印所申尤其謂候、曩淸申之趣太不得

(21張)其意、神寶者有定(×其)物、已爲正躰之上者、何可爲神寶之由可申之哉之由被申之云々、仍被准神躰」被

長通息ト覺深藥師寺別當ヲ競望ス

藥師寺別當ハ源氏ノ子息ヲ補シ來ル

通冬氏長者トシテ長通息ニ擧狀ヲ出スベキ旨ヲ約ス

長通ト諸事ヲ問答ス

具平親王御廟別當ノ事

淳和院竝ニ奬學院別當ノ事

歸坐云〻、貞觀草創之時、御正躰也、終日言談、申刻許歸于仁和寺了、又藥師寺南都、別當事、故覺圓僧正(本年六月十九日沒)讓与前右府息、小童(ノチノ長覺)八歲、而覺深洞院故左府(藤原公守)息、實ハ舍弟云〻、已講被讓補東北院門跡之上者、彼別當事可被下安堵　院宣之由申之云〻、就其小童未安堵、比興之次第也、凡藥師寺別當往昔以來當家之息ホ補之、故覺圓僧正一代也、仍衆徒ホ連〻(×被)訴申了、今歸舊儀出種〻狀了、不帶一紙證文支申之條、太無謂歟、學徒ホ捧申狀、予爲氏長者可出擧狀之由望申之旨、右府諸大夫、仲治朝臣(竹內)申之間、可出之由返答了、當寺事氏長者出擧狀定事也、今日問答事ホ、爲備忘注置之、「更〻不可及外見、」(補書)

一、後中(×中)書王(具平親王)御廟別當事、氏長者可計補事也、忩可被補器量仁歟、予相尋可補之由申之、彼御廟北白川〻、川西云也、彼御忌日七月廿八日也、

一、淳和・奬學院兩(×兩)別當事、予申云、現任上首補來之條勿論、然而非丞相經歷之輩、▨可有子細歟、北畠源大納言入道親房、先御代(後醍醐天皇)雖補之、於其段者有子細、其故者對于入道及種〻懇望、以別儀可被優恕之旨申之間、別執申了、彼狀ホ分明也、不可足比量歟、前右府云、河崎大納言雅忠(源)卿爲庶子雖補之、父家督、大臣(源通光)之上者、難准他人、如一條源大納言未補之、北畠又親房卿始而補之、非大臣相續の入一流家嫡者難叶歟、尤兼可被申所存事也、土御門者丞相中」絕候へとも代〻經歷之上、一流之家督候上者、可有優恕歟なと委細被示之、氏長

(22張)

氏長者宣下ノ事

一、氏長者事、上古强雖不被　宣下、補獎學院別當之仁爲長者、而故內府通基〔源〕公正應中〔元年九月十二日〕所存之後、別被　宣下之、藤氏雖補勸學院別當、別被宣下氏長者、橘氏雖補學舘院別當如然、限于獎學院何〔不脱カ〕被宣下哉之由申之、仍有其沙汰云々、於源・藤長者可然之人補之、於橘氏者以外取下地下諸大夫補之然間、橘氏ニハ是定ト名て九條代々補之歟、以之思之、三院別當可然之人〔補〕之條勿論歟由、被示之、

下車時ノ作法

一、當下車之時、上首（常說立上首立左、下﨟立右、）前駈立右獻沓、下﨟立左立榻定例也（歟、）而或仁云、當家上首立左之由申之、如何之由予尋申之、前右府云、太不存知事也、車馬之禮（此事只可在上首所爲、不可有定樣也、）、賞右之條無子細事也、何限當家無其儀哉、無其故申傳事者、難及沙汰歟、近年未練（家僕ホ中）「之」（補書）輩中如然之儀、子孫不可用之、

指貫ノ文ノ事

一、指貫（弱年時、）文事、當家龍膽丸（多須岐、）而六條黨以下庶子多用之、當時又用鳥多須岐、如他家也云々、

除目笏文ノ作法

一、除目取笏文之時、引裾事、置笏退之時引裾、當家說勿論也、其時振舞異他家之作法在之、嫡流祕之、

臨時祭ノ作法

一、臨時祭之時、壁下座參議揖事、參議・散三位之間、略之、常說向壁揖歟、其作法異樣也、仍略之云々、猶可決、

雜談之次、被示事ホ少々注置之、更々不可及他見也、

藥師寺別當職事、久我前右府息ニ讓補之處、覺深已講支申云々、仍學徒申狀ホヲ捧之間、於久我披

鷹司師平息ノ元服ニ參ル
父通顯ノ先蹤ニ據ル

師平息從五位上ニ敍セラレ禁色ヲ聽サル

師平息ノ名未ダ定マラズ

師平息ノ出座ヲ扶持ス

見之、予可出擧狀〔爲長者「出擧狀」(別筆)〕由望申之間、令領狀了、(23張)

「暦應三年」(別筆)

廿二日、天晴、今日右府(鷹司)師平公、息(冬通)加首服、延慶度(二年四月二十日、鷹司冬教元服)家君(中院通顯、通冬父)渡御佳例之由被申(×示)、家君兼日旁難治之間、雖不定之旨申之、新中納言實夏(洞院)卿當時右府室(洞院吉子)兄弟也、依妙行中不見訪云〻、無人被察之間、予向彼第(×亭)也、直衣下結、駕網代車、遣牛飼、侍一人召具之、先參　內、數刻御對面、只今彼首服。有一級從上五位、幷禁色仁事　宣下云〻、上卿宗經(平)卿、職事範望(平)、亥刻許向右府第、鷹司、於門前下車、立中門邊、徘徊〻、實益(一條)朝臣出逢、早速御渡本意之由被示之、暫於公卿座可相待之由示(×申)之、忠定(中山)卿其後來、頃之右府對面、實益朝臣引導之、於公卿座上一間、對面、有言談、名字尋申之處、分明未治定云〻、衞府長一人在(×有)中門下、下家司候(×有)中門外庭上、

寢殿南面三个間爲其所、端翠簾卷之、以籠丸卷之、東・北・西各懸廻覆御簾、不立四尺屛風、東一間不敷疊、第二間日隱奥敷一帖、爲加冠座、東西行、第三間其次一帖、西奥、▨其次一帖、副西簾、南北行、敷之、上下擧掌燈、中央、右府加冠、着冠、直衣、出東腋戶、衞府長於庭上取松明、座、入日隱間、着加冠座、次予入西一間着座、加冠座次奥也、南面、次平中納言宗經着束帶着其次疊東面、次侍從三位忠定卿着其次、着直衣也、次諸大夫撤座上掌燈、次諸大夫二人衣冠、持參圓座敷之、東一間奥童座、理髮座端也、次小童出(×少)直衣、、予起座扶持之、出東腋戶▨入東間、着圓座、予不昇長押、則歸本座、次役人置冠、童右方、次置泔坏、不加蓋・花盤、柳筥、置左、居次置櫛巾、置中央、次脂燭殿上人二人、藏人次

理髪一條公富
加冠師平
土御門親賢邸ニ逗留ス
師平ニ延慶ノ記録ヲ請テ貼繼グ
洞院公賢如法經十種供養ヲ修ス
洞院實夏説法ノ間笛ヲ吹出ス
未練ナルベシ

(24張)官範望、取脂燭進、」次理髪、公富(一條)朝臣參進、着圓座、理髪、入巾子退簀子、右府起座、續脂燭拂底之間、暫被立中央顧(×及)之、脂燭出來欤、令着理髪圓座、令加冠額於巾子、左右引渡髪搔、令復座、右府起座(×動)之時、平中納言・侍從三位動座、依家禮也、次理髪直置雜具、次新冠起座入休所、予起座扶持之、後ニ行、入腋戸則歸本座、良久新冠着直衣、二藍直衣下括、腹白ヲ結、紅引倍支重之、脂燭殿上人二人、予又起座扶持之、於日隱間長押下、拜加冠、二拜、其間予入腋戸內佇立、拜了之後(×間)、予又出、其後新冠被歸入時之助手許也、更無別之作法、次加冠起座、退入腋戸內、予今夜來之條(×條)本望之由被示之、心閑(×卽歸)可參之由令申之、平中納言者拜以前早出了、責及深更之間、逗留姉小路烏丸黃門(土御門親賢)第、

元服以前裝束、直衣、二藍、コメ欤、非色裝束也、指貫平絹、下括、生白單着之、髮垂(×垂)之、不結之、

元服以後裝束、直衣、禁色也、紅引倍支、其外不異也、

後照念院關白(藤原)冬平公、北政所(中院通頼女)者、故內大臣殿(中院通重、通冬祖父)御妹也、依此由緒、如拜賀扈從見訪之、右府爲彼關白息、故關白、故冬(鷹司)敎爲養子也、事不遠之間、今夜所見訪也、

延慶記引失之間、申遣右府之間、被注送之、仍續加也、○後ニ揭グ、

抑今日洞院前右府公賢公於德大寺大納言公淸亭有如法經十種供養云ゝ、一族ホ令群集、於簾中所作云ゝ、雖可爲昨日、依前右府瘧病一日令延引云ゝ、導師新黑谷壽觀(任空)上人云ゝ、說法未終之處、實夏卿吹笛吹、(25張)出、」下樂之(×云ゝ)間、地下伶人少ゝ付之、高聲說經之間、吹笛由世間令(×之)風聞了、入道失欤未練之故欤、不

便〻〻、人數追可尋記、笙、冷泉大納言(洞院)公泰、・笛(×笙)、新中納言左兵衛督、實夏、比巴、德大寺大納言公清、・孝重(藤原)朝臣、箏、前右府・新大納言(洞院)實守、ホ云〻、・就(×委)・傳(×細)說注之、不足指南歟、」

師平送信ノ鷹司冬教記

(26張)
○二十六張・二十七張、別筆ノ寫ヲ貼繼グ、

延慶二年四月廿日、癸酉、天晴、今日余(冬教)加元服、早旦有誦經事、文章博士在登(菅原)朝臣進名字勘文、冬・教・房忠等載之、被用冬・教、入夜余着直衣、殿下(冬平)令着加冠座、彼御隨身上﨟冠、幷大納言(藤原冬基)殿雜色代隨身ホ立明、大納言殿・左衞門督〳〵(通顯)卿・左宰相中將爲藤(藤原)卿ホ着座、諸大夫二人衣冠、撤座上掌燈、又二人持參菅圓座敷之、余料東間奧、理髮料同端、次余出東腋戶着圓座、左衞門督起座、扶持、前勘解由次官範高(平)置冠、院(伏見天皇)御冠也、居柳筥、置余前右方、宮內少輔高有置泔坏、不加蓋・花盤ホ、居柳筥、置左方、前下總守親家置櫛巾、納雜具ホ、盛打乱筥、置中央、次藏人左衞門權・佐(×佐)親時(平)・

通顯冬教ノ出座ヲ扶持ス

左少將國資(源)取脂燭、次頭中將資親(藤原)朝臣參進着圓座、理髮入巾子退候簀子、殿下着理髮圓座、令加冠額於巾子給、左右引渡髮搔、令復座給、次又資親朝臣着圓座、理髮直置雜具退去、余起座入休所、扶持仁如前、脂燭兩人前行、改着新冠幷男直衣、此間本役人撤雜具ホ、藏人治部大輔長隆(藤原)余敍正五位下聽禁色之由申殿下、次上卿春宮大夫師信(藤原)卿云〻、余出簀子、奉拜加冠、二拜、卽向曹司、扶持・脂燭仁留休所邊、供前物、

(27張)
土高坏十二本、松重打敷、陪膳左少將顯香(藤原)」朝臣、予立箸拔之、次撤之、供贄殿饌、臺三本、盤二枚、銚子ホ也、用銀器、陪膳同前、又立箸拔之、卽撤之、臺二本置侍所臺盤上、次取直本烏着烏帽子、先着殿下御烏帽子、次着新烏帽子、卽着水干、次奉行家司覽侍名簿三枚、入筥、自餘略之、次補家司・職事以下、出納中原友淸以詞仰之、次始侍所、次始雜色所、

曹司装束三个日以後可撤之、

（約二行分空白）

# （東京大學史料編纂所所藏中院一品記卷四紙背文書）

（1ウ）
無指事候間久不啓案內、恐鬱無極候、此間必〻可令參仕候、抑宗光（柳原）奉書被進了、忩〻被加御下知候
者、畏入候、親長（法性寺）謹言、
四月四日　　親長狀
坊門（通冬）殿

（2ウ）
一級（暦應三年四月一日、通冬敍從二位）御慶事、雖不可驚申、　朝奨無相違之條、感悅不少候、故示給候、爲本意候、謹言、
四月二日（暦應三年）

〇洞院公賢

（3ウ）
御禊はやとく〳〵はてさせをはしまし候て、御まいりはかりをまたれ候に、／たゝいまの程に／
きと〳〵御まいりさふらふへく候よし申とて候、あなかしく、
〇墨映アリ、「はかりまいり候」「猶〻めてたく」「申狀返〻めでたく候へく候」等見ユ、

（4ウ）
月爲歡會媒以秋爲韻、
右題七夕可被披講、可令豫參之由承候了、早□〔可〕存知候、可令得御意給之狀如件、
（曆應三年）七月四日
左衛門督通冬

○十八張紙背ノ墨映アリ、院七夕御會ノ事、曆應三年七月七日條ニ見ユ、

---

（9ウ）
御會ことなる御事も候はす、御遊の御所さもさうゐなき御事けに候しかは、／めてたく候て、御
つねも／ようゐして候しかとも、それにても御えに御まいり候しかは、かた／＼めてたく思まい
（8ウ）
らせ候て、」さやうの事も申たく候つるに、うけたまはり候ぬる、うれしく候、又この御文のやう
ひろうし候へく候、たゝいまさうのさたのほとにて候、まつ申候、あなかしく、

（切封墨引）

○九張紙背ニ八張紙背ノ、八張紙背ニ九張紙背ノ墨映アリ、院七夕御會ノ事、曆應三年七月七日條ニ見ユ、

---

（11ウ）
御札之旨承候了、七夕宴兩座御樂返ゝ目出存候き、且御所作珍重承候了、抑彼御昇進事御心中察
申候、便宜之時可申入候也、但爲妙行自昨日罷入山中候、其間沙汰若不存知事もや候はむすらん、
（10ウ）
不可憑思食候歟、」便宜候者必可申入候也、事ゝ期後信候、謹言、

（暦應三年）七月十日　○洞院公賢

（切封墨引）

○十一張紙背ニ十張紙背ノ、十張紙背ニ十一張紙背ノ墨映アリ、院七夕御會ノ事、暦應三年七月七日條ニ見ユ、

---

（18ウ）七夕可有御遊、可令參仕給之由、
院（光嚴上皇）御氣色所候也、仍言上如件、
（暦應三年）六月廿九日　春宮亮（四條）隆持□
謹〻上　左衞門督殿」

追言上、
面〻固辭之間、無御參者眞實可及違乱候、相構可有御存知之旨、同」被仰下候也、重謹言、

（15ウ）（17ウ）

○十八張紙背ニ四張紙背ノ墨映アリ、通冬院七夕御會ニ參仕ヲ仰セラルル事、暦應三年七月一日條ニ見ユ、

---

（19ウ）七夕御遊御參事、以御請文之旨申入候之處、眞實無人于領狀候、猶必可有御存知之由、重被仰下候也、仍言上如件、
（暦應三年）七月三日　春宮亮隆持□

」

（20ウ）
謹〻上　左衛門督殿

追言上、

御所作可爲笙候也、重謹言、

○院七夕御會ノ事、暦應三年七月七日條ニ見ユ、

---

（22ウ）
まつまいり候ぬ、如法〻〻うつくしく候て、ことに返〻めてたくこそ候いしか、つや〳〵いてき候ぬ、／かまへて〳〵猶もたつねいた／され候てまいられ候へく候、又七日御遊はよるにて候は（21ウ）んする、詩の御くわいはひるにて」さふらはんする、御れんくなとか候はんする、如法〻〻内〻にて候ほとに、はれ〳〵しきことは候ましく候、たゝつとめてとく〳〵御まいりて、御くわいのほとより御遊まて／御しこう候へ、かなはんしさいも候、申候へく候、さきの所にて候也、あなかしく、

（切封墨引）

御返事まいらせ候、

○二十二張紙背ニ二十一張紙背ノ、二十一張紙背ニ二十二張紙背ノ墨映アリ、院七夕御會ノ事、暦應三年七月七日條ニ見ユ、

(24ウ)
けふのたいりの御くわいにさゐもんのかうの殿は一定御まいり候やらん、如法〻〻内〻[の]／事
にて候へとも、御詩の御くわ[い]に[て]／はしめたるやうに(×事に候)候、あまりにしかるへき人もしこうし候
(23ウ)
はぬ、くわいしのおもてもれうしなるやうに、へちして」かまへて御まいり候へかし□〔と〕おほしめ
され候、猶さらなる事は候はしとおほしめされ候ても、かまへて御まいり候へく候とおほしめさ
れ候、このやうをよく〳〵申とて候、あなかしく、

(切封墨引)

(奥上書)
「仙洞女房奉書暦應三、八、十五、禁裏詩御會事、」

○十五夜詩御會ノ事、暦應三年八月十五日條ニ見ユ、

---

(25ウ)

(白紙)

○史料編纂所所藏中院一品記巻五ノ六張紙背ノ墨映アリ、

○暦應三年自九月至十二月記ハ、東京大學史料編纂所所藏原本卷五ヲ以テ底本トス、

史料編纂所所藏原本卷五

「暦應三年（後補表紙打付書）　九月以後、」

(1張)
## 暦應三年

九月

父通顯方ニ於テ盲人ノ相論アリ
通顯ノ病ニヨリ藝能延引ス

四日、天晴、今日於家君(中院通顯、通冬父)御方有盲目相論事、被召決兩方了、大御室寛性親王、被傳聞食、自兼日被申眞光院僧正(成助、通冬叔父)御房、密々可有御聽聞旨被申、而入道殿(通顯)御不食所勞興盛之間、今日令延引了、盲目ホ歎申之間、俄有其沙汰也、

入道寛性親王竝ニ法仁法親王盲人等ノ藝能ヲ聽聞ス
俄ニ花園法皇竝ニ宣光門院ノ臨幸アリ

八日、天晴、今日御室(入道寛性親王)惠命院御室幷大聖院御室(法仁法親王)、有入御眞光院、可(×有)被聞食盲目云々、座中十人許參之、座外盲目眞性法師參加之、終日各施所能了、入夜之間、少々被召置也、而俄荻原殿法皇(花園)御方幷宣光門院(洞院實子)密々可(2張)有臨幸之由被申御室云々、亥刻許兩御所　御幸、御座簾中也、家君」依御勞無御參、通冬又有故障之間、自元不及出現也、終夜施所藝云々、

重陽參仕ヲ仰セラル

抑今日早旦自禁裏(光明天皇)御教書到來、披見之處、

光明天皇綸旨

時菊契仙齡便用齡字、

右題、重陽日內〻可被披講、凝風情可令豫參給之由、
天氣所候也、仍上啓如件、

九月六日　　左權中將隆職（鷲尾）

謹上　左衞門督殿（通冬）

御樂參仕ヲ仰セラル共ニ參仕ヲ辭ス

所勞之間、難申領狀之由申入之了、今日禁裏御樂云〻、爲隆邦（四條）奉行、予雖被催、申故障了、

咳氣ヲ患フ

十三日、此間咳氣興盛、自今朝喘息以外責（×令）伏之間、令謹愼者也、入夜詩歌張行了、心神惘然也、月光不明、可謂無念欤、

醫師和氣嗣成來リ灸ヲ加フ藥師寺ノ訴ニ就キ擧狀ヲ出ス

十四日、天晴、今日嗣成（醫師）（和氣）朝臣來、卽加灸點了、申刻計加灸也、早旦藥師寺學徒朩申狀到來、年預五師代參申兩條、出擧狀了、氏長者彼寺訴訟者執申之條先例也、」

（約二行分空白）

持明院殿ニ方違行幸アリ院ニ於テ御樂アリ毎月三度八日ニ沙汰ス

（3張）

十七日、今夜爲御方違　行幸持明院殿云〻、而申故障了、明夜　禁裏御樂雖蒙催、令固辭了、後聞、今夜於仙洞　行幸以後、被引上有御樂云〻、盤（×調）涉調也、每月三度八日有御樂沙汰云〻、

（約四行分空白）

安樂光院御講參仕ヲ仰セラルルモ之ヲ辭ス

卅日、安樂光院御講、盤渉調、予雖蒙催、申故障了、

十月

亡母明一七回忌法華經書寫供養大方殿ニ於テ作善アリ

三日、今日亡母(明一)七年忌也、於二條東洞院福田院、如形作善ホ令修也、彼長老沒後事ホ致其沙汰之間、於彼寺執行了、予自筆法花經一部、令漸寫之間、今日遂供養於大方殿、七个日別時・淨土三部經一部令摺寫・阿弥佛一鋪也、(×予)又卒都婆面頓寫理趣經一卷、其外面々捧諷誦布施物了、

(約三行分空白)

京邊ニ火アリ

(4張)六日、入夜京邊有燒亡、

佐々木高氏竝ニ息秀綱妙法院ヲ燒拂フ

七日、傳聞、去夜燒白河妙法院宮亮性親王、御兄弟也、上皇(光嚴)仙洞御所燒拂云々、佐々木佐渡大夫判官入道々譽(高氏)幷同子息大夫判官秀綱寄懸彼御所放火、散々致追捕狼藉云々、彼秀綱今夕(去夕与)對竹園御坊人於御所邊有喧嘩意趣、其故歟、累代門跡相承之重寶ホ奪取、或成灰燼、言語道斷之惡行、頗天魔之所爲歟、依之武家

武家雜訴ヲ止ム

延暦寺大衆蜂起ス

止雜訴、山徒蜂起云々、

(約六行分空白)

高氏父子配流セラル

廿六日、今朝佐渡判官入道道譽父子處(×爲)配流云々、一向武家之沙汰也、山門衆徒猶鬱憤云々、其故者、道譽者曩祖定綱(佐々木)依令殺害高嶋(近江國高島郡)山門之神人、被處不返之於野洲河原流罪、次男定重(佐々木)者被渡山門之神人、於野洲(近江國野州郡)河原被刎首(建久二年五

配流ノ様遊覧ノ體タリ
日吉社神輿入京ノ風聞アリ

（5張）了、彼爲尫弱神人殺害之咎、猶以如此、是爲山門」之官長、衆徒鬱陶更難休云〻、尤有其謂哉、結句（×可）月二十日）彼道譽配流之躰、輕忽不可思議也、只以（×爲）遊覧之躰爲先、武家之沙汰輕式也、（×仍）依之神輿可有入洛之由有其聞、

（約十行分空白）」

十一月

御曆奏
先ヅ敍從二位ノ著陣ヲ遂グ

（6張）一日、天晴、今日御曆奏也、依兼日催參內、（光明天皇）申請局令着束帶、蒔繪大刀、無文帶、予去四月（一日）敍從二位之後、未着陣之間、今日先遂其節者也、奉行職事頭中將隆職（鷲尾）ニ吉書事兼日相觸了、於中文者令略之條、非初任之時、有其例、近日弁難得之間、略之者也、先下官着陣、奧、官人申時、次移着端座、令官人敷軾、職事頭中將來軾、下吉書、予結申、職事退、次召史下吉書、結申退、（×了）次令撤軾、次御曆奏儀、着陣、端、召官人令敷軾、（×外）六位外記參小庭、御曆奏進之由ヲ申、予目外記退、次招職事、召官人 其詞云、頭中將是方ヘ、頭中將來、予申御曆奏候之由、職事奏聞、歸出仰云、不出御給、內侍所ニ付ヨ、予微唯、次召外記、仰此趣、其詞同職事、外記退、次令撤軾、次予退出、

上卿ヲ勤仕ス
御曆ヲ內侍所ニ付ス

春日社神木木津ニ遷座ス
東大寺八幡宮神輿大佛殿ニ遷座ス

今日人〻相語云、神木近日可有入洛之由、有其聞、當時遷座木津云〻、（本年十月二十三日）今度無遷座移殿、直遷御木（7張）津也、種〻自武家・公家被迎（誘〻）仰歟、」東大寺八幡神輿同遷座大佛云〻、入洛之時、源氏出仕令斟酌也、主上於御學問所有御對面之次、此事有御尋之間、申入此子細了、

仁和寺ニ歸ル

改裝束、酉一點歸于仁和寺了、

（約二行分空白）

南御方三回忌

七日、今日故南御方（中院通重女、通冬叔母）家君（中院通顯、通冬父）御妹、第三廻也、令修御佛事給、此間有別時、

父通顯ト共ニ新熊野社ニ詣ヅ

八日、天晴、今日家君密〻御參詣新熊野、予同參之、

家司秀貞息秀冬元服ス

九日、天晴、今日秀貞息秀冬於予前加首服、其儀密〻也、申刻許有此儀、理髮秀經勤之、其後有盃酌、家君入御、至深更及數刻及數獻了、有引出物、杉原三十帖、令賞翫者也、自愛無極者也二十帖又進上家君、同御賞翫、近日之躰爲（×由）過差儀之由有（×其）御沙汰、

新嘗祭上卿勤仕ヲ領狀ス

十五日、召使持參新嘗祭卜形、加一見返給、可參行之由仰之了、明日園韓神祭幷月蝕御讀經僧名定、雖申領狀、至十七日有觸穢事之間、申故障了、仍於新嘗祭申領狀了、」

（8張）〇別筆ノ寫ヲ貼繼グ、モト折紙、

卜形

「暦應三、十一、十五（通冬筆）　召使持參之、加一見返給之許也、

十八爲予奉（×參）行也、」

新嘗祭卜合上卿・宰相事、

一、上卿
乙〔下〕卜合
左衛門督（通冬）
丙合
洞院大納言（實守）
平中納言（宗經）
一、宰相
乙〔下〕卜合
土御門宰相中將（通房）
丙合
綾小路宰相（庭田重資）
中御門宰相（宣明）」

新嘗祭

（9張）十八日、卯、天晴、新嘗祭式日也、予依爲乙下合参之、仍未明解除沐浴、着束帶、蒔繪大刀、無文帶、紺地平緒、未刻許、

網代車ニテ神祇官ニ参ル

駕網代車、片綱、尤雖可駕毛車、當時不立置之上、俄令違乱之間、用網代、太不可爲例、参向神祇官、共諸大夫一人参會、於大炊御門大宮下車、

神祇官ノ鋪設整ハズ

隨身一人、壺垂袴、沓以下役一向隨身勤之、神祇官儀全分無沙汰、六位史康隆（中原）・官掌國友（中原）之外無人

狼藉多キニヨリ白晝ノ擧行ヲ申入ル

也、北廳致掃除、四壁假具足ホ未見、南廳代幄令造立之最中也、本儀雖爲夜陰、近日狼藉超過于日來之間、兼日申入之、白晝申行、而遲〻以外也、其後六位外記參、頃之內侍車立北門外、參議不參云〻、弁・少納言未見來、奉行職事隆職宿所ニ遣使者、每事無沙汰之由、雖令譴責、無其甲斐、頗有若

料足未下ニヨリ諸司子細ヲ申ス

亡也、仕人ホ說云、神具以下料足未（被）下行之間、諸司ホ申子細、仍只今於仙洞（光嚴上皇）傳奏ホ雖令問答（×申）、不事行、申刻許五百足被沙汰下云〻、於今者不可有程云〻、酉刻權弁長顯（葉室）參了、酉斜予

酉斜ニ始ム

西斜、予以下着南廳代幄、（補書）「入」自南面着之、脫沓、座揖如常、兼敷諸司軾（ホ）、東第二間也、東上北面、弁着予西、外記・史・官掌ホ」同着座、委細注于指圖、○後ニ揭グ、

（10張）

夕膳ノ儀

夕膳御裝束終之由告示之間、予起座、自下﨟起、向北廳南庭、於便宜所解劍指笏、次着小忌、諸司小忌也、日陰縵（〔蔓〕）懸冠也、次洗手、召使儲之、次列立幔外、予北上東面、弁・少納言・外記・史北上西面、以北戶爲神殿也、排妻戶扉、南面、如形假構之、主殿官人取打拂筥、立幔內、予進寄、不揖、指笏取打拂筥、引裾進寄妻

神座ヲ供ズ

戶下、授掃部寮、拔笏復本列、次弁与少納言昇坂（坂）枕（×板）、外記・史已下昇神座、歸列、依參議不參、少納言・弁昇坂枕也、次歸着幄、於初所又帶劍、先居饗、

獻盃

。次獻盃、一獻少納言信光（日野）、其儀、乍▨（座）跪指笏取盃、起座進兩座間、二行座間也、〻（擬）勸盃、太未練之至也、。可進上卿座上之處、▨（起座）作法頗有若亡歟、雖可問答、可及遲引之上、沙汰外間、不及是非也、。次長顯揖起座、下盃於弁、〻起座取之、次流巡、於南幔外取盃進予座上後方、軾也（×云〻）、擬盃、依爲五位取

暁膳ノ儀

京中ニ宿ス

左衛門督ヨリ按察使ニ遷リタキ旨ヲ洞院公賢ニ傳フ

故雙峰宗源ニ國師號ヲ宣下ス

勅

續酌、次下少納言、流巡如常、次居汁物、予立箸、置笏、次第立箸、次暁膳供了起座、列立南庭、一〻

(11張)如初、又帯劍、於小忌者、自元着之、予撤打拂筥、次第如先、次退出、乗車、小忌ホ」宮(主)司取之、今夜歸

路之間留京、

○十二張ニ指圖アリ、適宜向キヲ變ヘテ次頁ニ掲グ、

(13張)廿日、天晴、今夜小除目幷雙峯(宗源)禪師國師号　宣下也、予依兼日催參陣、先内〻着直衣、參　仙洞、申

入女房了、洞院前右府(公賢)參會、都護兼帯之志候、於金吾者可謙退之由令申、今夜入目録申入了(×之)由被示、

其後參内、於局着束帯、蒔繪大刀、無文帯、藏人次官範(平)望國師号奉行也、除目以前可申行由示之間、着陣、端、以官

人令敷軾、職事來軾、雙峯禪師國師号可宣下之由仰之、予微唯、職事退、次以官人召内記、但内記不參之間、以六位外記内〻爲代、

史〻外記參小庭、予目許稱唯來軾、予仰云(×詞)、雙峯禪師國師号可被　宣下、勅書草可作進之由仰之、

退出、頃之持參(×御)　勅書草、入筥、宿紙、披見置前、次招藏人次官　奏聞、即返給、次召内記(×外)令清書可進之由

内記(×外記)内〻懐中持參、即入筥、草ニ取替也、

仰之、次持參清書、黄紙、□□又以職事奏聞、即返給、次召外記返下之、可傳給之由仰之、中務輔可持向寺(×也)

欤、東福寺長老(故)云〻、以官人撤膝突、退出、

勅書案

暦應三年十一月

「

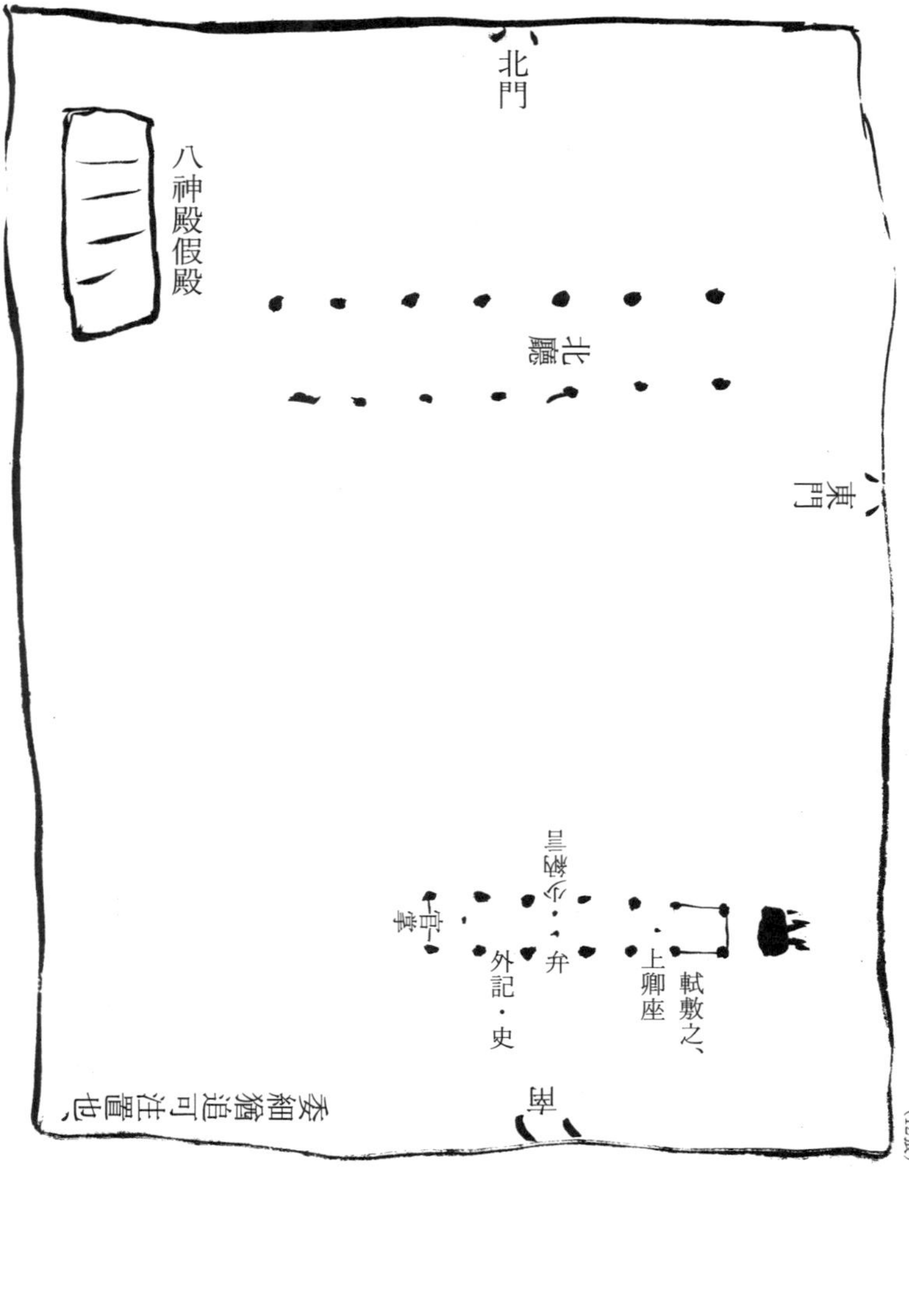
北門
八神殿假殿
北廳
東門
軾敷之、
上卿座
弁
外記・史
少納言
官掌
西
委細猶追可注置也、

宗源在世中ニ禪師號ヲ賜ハルハ初例タリ

（14張）

勅、金烏《ウ》將《ス》昇《ニノホラント》、先揚二高晷《キヲ》一、玉―兎已《ニ》沒、・尚《ナホ》・殘二餘光《ヲ》一、故雙峯禪師闢《ヒライテ》二教《ケウ》―外《ケ》之法―門一、步二向《カウ》―上《シヤウ》之直《チキ》路《ロニ》一、四海五湖之表、皆蒙二潒《ヤウ》（養濟カ）―濟一焉、巨刹諸山之間、頻受二辟命一矣、況後宇多上皇歸《キシテ》二其心―宗《ニ》一、賜以二禪師一、在世之崇號者和漢所未聞也、匪啻一朝之美談、更傳万古之佳規、朕丹底慕遺芳、錦上欲添花、宜加追崇号曰國師、

曆應三年十一月廿日

小除目上卿ヲ勤仕ス

通冬按察使ヲ兼ヌ

室町雅春遡テ正三位ニ敍セラル

丑刻許、除目奉行職事頭內藏頭隆持（四條）朝臣、自　仙洞參之由告示之間、卽着陣、端、以官人令敷軾、職事來軾、參議重資着陣、下任人折紙、予披見之、入懷中、都護事無相違、令自愛者也、次召外記、〻〻參小庭、予仰云、可有臨時除目、被行硯・折堺、卽持參硯、置一宰相座前、次目參議重資卿、綾小路宰相、參議居上、・依爲二宰相、更不下也、予下任人折紙、歸本座書除目、・墨摺樣以下作法、似不知口傳也、此間召外記仰　宣下事、正三位藤原（室町）雅春、宜賜去建武五年正月五日位記、外記稱唯退、

（15張）

除目書了、進予前、予校合折紙、奏任式・兵、勅任武官一枚、奏任別紙一枚、敍位一枚、以上五通書別之、按察使書陸奧國、而奧陸ト・逆（×書）書之間、予見出令」直之、其外强無參差歟、次以官人外記ニ筥持參レト仰、・次外記・持參筥、入召名於筥各卷籠奏任文官也、令持了、外記進無名門代、相從職事出逢、予指笏取除目獻職事、卽返下、被又指笏取筥給外記、拔笏歸着陣、外記置筥、則給除目於外記、其次硯可・撤（×令）之由仰之、則撤硯、次召官人令撤軾、予揖起座退出、進無名門代奏慶、申次藏人縫殿助說（藤原）房也、次退出、於局改

任按察使ノ奏慶

仁和寺ニ歸ル
任人折紙ヲ外記ニ貸與ス
按察使兼帶ハ源師房ノ佳例ニ從フ

裝束、(〆歸了)及天明之後、歸于西郊、任人折紙外記內々借用之間給之、忩可返進之旨仰之、爲令見局務(中原師右)也、按察使近代雖不兼帶、長久四年正月廿四日土御門右大臣(源師房)殿于時大納言、御兼任佳例、不能左右、祝着無極者也、

賀茂臨時祭除目折紙

臨時祭任人ホ也、」

(16張)○十六張ヨリ十八張マデ、正文ヲ貼繼グ、モト折紙、十七張ハ十六張ノ折裏ナリ、

神祇權少副大中臣蔭時
中務丞清原清繼
侍從源(土御門)定忠
刑部少輔藤原永能
宮內權少輔源仲藤
大炊助小(壬生)槻賴音
掃部助藤原種顯
按察使源通冬兼、
山城權守大中臣時俊
周防權守源盛助

土左〔佐〕權守源直治
筑後守中原忠景
左近中將（綾小路）源敦有
右近少將藤原宗國
（高倉）藤原範忠
尉藤原康長
（17張）
左衛門督（洞院）藤原實夏兼、
少志多久邦舞人、
左兵衛權佐（葉室）藤原光資
右兵衛督（飛鳥井）藤原雅宗
佐菅原高嗣
權佐藤原範英
右馬權頭源氏義

敍位折紙

（18張）
正三位藤原雅春
從四位上藤原康範
暦應三年十一月

從四位下源(堀川)具實
正五位下藤原(鷹司)冬通
從五位上藤原光種
　高階重政
從五位下藤原(洞院)公定
正三位藤原雅春
　宣賜去建武五年正月五日位記、」

賀茂臨時祭上卿ヲ勤仕ス

(19張)廿九日、天晴、今日賀茂臨時祭也、式日去廿四日延引了、先參仙洞、女房宰相局對面、來月一日御方違　行幸相構可供奉之由被仰下之間、不具非一事之間、難治之由申入了、頃之參　內、於局着束帶、蒔繪劍、無文帶、奉行職事頭內藏頭隆持朝臣也、予入無名門代、出神仙門、着殿上、其儀如例、內記不參之間、宣命

宣命ヲ奏ス
宣命二通アリ
鴨御祖社ニ宣命アルベカラズ
宣命ヲ使ニ賜フ
庭座内々出御アリ

(20張)兼可置之旨、奉行示之間、可存其由之旨令返答了、次以隆持朝臣奏宣命、入筥、爰宣命有二通之間、相尋職事之處、下社近年申子細之間、有兩通歟旨答之、予不可然之由申之、▨鴨社宣命奏一通、先〻無其儀、(×御)如奉幣之時、雖申子細不令承引事也、奏聞之、後被返下之後、召使、〻基業朝臣參、予以左手取宣命、自袖下給之、次退出、頃之內〻出御之由示之間、予以下起座、公卿、予・平中納言宗經、・

春日社神木動座ニヨリ藤原氏公卿出仕無シ

著座

勸盃

插頭花ヲ賜フ

御前召竝ニ舞ノ事無シ

盃手長ニ就キ六位藏人ト藏人所出納ニ相論アリ

綾小路宰相、重資、以上三人也、依神木動座、藤氏公卿ホ不出仕也、中門南腋戸ヲ入、着壁下座、件座納言・參議、中門北腋儲之、而納言柱外敷座之間、予招(仰)出納職右(中原)令直之、兩座狹之間、如此儲之由返答、予長橋內狹少之上者、今更不可有此儀、早可直之旨仰之、仍敷柱內、奉行未練之至也、予・平黃門着座、綾小路宰相着後座、垣下座并使・舞人座頗寄西之間、予令下知聊寄東了、隆持朝臣經▨▨納言与參議座間、召使已下、次使・舞人着座、次一獻、頭內藏頭隆持、瓶子藏人縫殿助說房、二獻、予、其儀、揖起座、於中門腋戸外、(指笏)取盃、藏人(說房、)傳之、瓶子少納言信光、。(催陪從座、勸盃後進之、)予着使座上、持盃之時、一向不揖、(脫左沓許、着座、)持盃於右手、以左手引寄裾、獻盃、次拔笏揖起座、着片沓、揖直進垣下座、兩度揖如常、次三獻、平中

(21張)

納言、以盃不揖、次當家之外常不見及、脫左右沓歟、獻盃了歸着壁下座、次居垣下」座衝重、殿上五位役之、螺盃・銅盞不置之、重坏略之、揷頭花臺置宜陽殿上、依無其所如此、次予揖起座、進揷頭臺下、藏人次官範望賦之、指笏取花、藤、於使前指冠、左向直拔笏、左廻退出、次第取之、舞人右ニ指也、御前召以下求子・駿河舞略之、依神木動座也、

六位与出納相論、盃手長事、

(補書)「藏人」說房盃手長出納可懃仕之由仰之歟、出納無先規之由爭之、說房不可然之旨仰之、出納(安倍)親景云、於螺盃・銅盞幷揷頭花者取爲被置藏人所之物之間勤之、於盃手長者難治之由頻令確執之間、兩貫首(隆職・隆持)ホ令問答歟、所詮出納無先規之由令申之上者、說房何年令勤仕手長之旨可弁

申之由、雖令問答、不分明歟、及數刻之間、令　奏聞之處、説房不申例之上者、追可被落居、若乍存例出納奸令遁申者、可被處罪科之由、有沙汰、不落居間、今夜出納不懃手長云〻、」

十二月

散狀〇今見エズ、

（22張）〇繼目上端ニ「〇」ヲ記ス、

任按察使ノ著陣ヲ遂グ

源通親ノ先例ニ従フ

十日、朝間雪降、及晝屬晴、此日御躰御卜奏也、予依兼日之催參內、於局着裝束、蒔繪劍、無文帶、奉行頭內藏頭隆持（四條）朝臣也、予兼任按察使之後、今日遂着陣、官外記・職事ホニ相觸了、於申文者略之、長久四年（正月二十四日）土御門右大臣（源師房）殿御拜任都護之時、着陣事無所見、尤不審也、一官兼帶之時、必令着陣也、土御門內（源通親）大臣殿建久（元年七月十八日）自右金（×武）吾轉左給之時、猶有御着陣、旁可遂其節之條可宜歟、其上洞院故左府實泰（藤原）公、兼（乾元元年十二月三十日）任之間、相尋彼例之處、重〻經其沙汰、可有拜賀着陣哉否、決眞僞云〻、所詮着陣、其次故　奏慶之由、前右府（洞院公賢）被返答了、予其夜即申拜賀了、

先着陣、奥、移着端座、令敷軾、職事隆持朝臣下吉書、予結申、次召史六位、俊春（高橋）下之、結申退、次令撤軾、

御體御卜上卿ヲ勤仕ス

次御卜奏儀、先着陣、召官人令敷軾、爰外記（中原）六位利顯、進小庭、申（×御）神祇官御躰御卜奏候之由、予目許、外記退、

（23張）次神祇官奏（夾カ）奏案於文杖來軾、予〻取之披見、置前、次神祇官ホ舁奏案、外記ニ授（×之）筥、外記取（×之）筥黑漆筥也、

立小庭、予起座、進無名門代前、付職事　奏聞、指笏取筥獻之也、返出目予、小揖歸着陣、次召外記
給奏案、仰云、依奏行へ、外記退、次撤軾、予退出、
以近例如此行之、先上卿着奥座、外記參小庭、申神祇官御躰御卜奏候之由、次上卿目、次移着端
座、令敷軾、招職事御躰御卜奏候之(×之)由奏之、歸出、仰聞食之由、次上卿召外記、可進奏案之由仰之、
舊儀如此歟、然而故大臣(中院通重、通冬祖父)御奉行近例也、先御代(後醍醐天皇)元亨比、任舊儀被行之由、外記申之、興行之時尤
可然歟、近日之作法毎事以省略爲先、

持明院殿ニ方違行幸アリ

十二日、今夜爲御方違行幸持明院殿、予供奉事連〻雖蒙催、不諧之間固申子細了、而召仰幷列之間
可參之由、別被仰下之間、申領狀、今日先可有條〻宣下事之由被相催(×也)、着束帶、(蒔繪螺鈿大刀、有文帶、)　宣下事、

召仰上卿ヲ勤仕ス

(24張)
藏人弁宗光(柳原)奉行也、而未參、又」延引之由有其聞、爰隆職(鷲尾)朝臣召仰事忩可令奉行之旨相觸之間、即
着陣、(端、)召官人令置軾、頭中將(隆職)來軾、下日時勘文、仰云、可有　行幸持明院殿、諸司ニ召仰ヨ、留守
宗經、權中納言平朝臣・左中弁源雅顯(壬生)、幸路次第注折紙自懷中取出、予取之、次職事退、次予召外記下勘
文、仰召仰事、其詞同職事、(諸司召仰、留守、幸路、先以詞仰之、後給折紙、)　次令官人撤軾、次予揖起座、」

神祇官八神殿竝ニ園韓神社假殿造營ノ日時定上卿ヲ勤仕ス

(25張)
頃之宗光參、假殿造營日時定ホ可奉行之由相觸之間、着陣、(端、)召官人令(脫アルカ)軾、藏人弁宗光來軾云、神
祇官假殿八神殿幷園韓神社假殿造營日時令(×定)勘申、即仰彼弁、次退、次宗光持參日時勘文、(不入筥、)

平野臨時祭上卿ヲ勤仕ス

軒廊御卜上卿ヲ勤仕ス
皇大神宮禰宜加任ニ就キトセシム

出御アリ
公卿列立
行幸ニ供奉セズ

予披見、弁退、次以官人外記爾筥持參レトイヘ、次外記持參筥退、次予招藏人弁奏聞、了返給即下藏人弁、ゝ結申退、次召外記返給筥、藏人弁云、軒廊御卜依官不參不被行、而俄官催出之由示之間、於陣暫相待、及遲ゝ間、平野臨時祭宣命可奉行之由、藏人次官範望(平)被相觸之間、令撤軾起座、着殿上、着上切臺盤前、召男共、令(仰)召內記宣命可持參之由仰之、但內記不參之間、六位」史康隆(中原)爲代也、藏人說房(藤原)未練之間、令遲ゝ、內ゝ可參之由仰之、宣命持參、入筥、次以奉行職事　奏聞、返給、以(召)使以季(橘)給宣命、(26張)次召內記返給筥、次退座、軒廊御卜具之由示之間、又着陣、令敷軾、藏人弁來云、皇太神宮禰宜可被加任哉否、仰官・寮令卜申ョ、予小揖、次職事退、次召外記、問官・寮參否、六位外記利顯參小庭、仰云、神祇官・陰陽寮ハ候ヤ、外記申候之由、予目許、次召弁可仰座事之處、今夜兼敷儲之、太略儀也、次召外記仰云、官・寮令着ョ、次官・寮着座、以中爲上首也、水火及遲ゝ、聊相待、漸置之、即予目官、ゝ兼員(卜部)參軾、皇太神宮禰宜可被加任哉否可被申、次退、次目寮、ゝ參軾、仰(×ゝ)詞同前、各卜申、次官書卜形、入筥持參、予披見之、置前返給筥、次寮持參、其儀如先、次以官人仰外記筥可持參之由、次外記持參筥、次以官人召藏人弁、ゝ來入卜形二通於外記筥、　奏聞之、宗光云、卜形者留御所欤之由尋之、予如然之由答、官・寮即起座、聊爲早速欤、次職事返給筥、予召外(記)返給之、次可撤座之由欲仰之處、遮令撤之、次召官人撤軾、次予揖起座、頃之出御、(光明天皇)公卿予(×以下)幷綾小路宰相重資卿(庭田)、ホ着靴(懸裾)列立、」(27張)少納言惟清(平)鈴奏、寄御輿、劍璽役隆職朝臣勤之如常、公卿自下﨟揖退列、次予密ゝ參會、太不可然、

然而爲別　勅被仰下之間、召仰并列許參之、不足爲後例候、持明院殿門邊宸儀下御儀如常、公卿自下﨟列立、仍予經相公（重資）前、相氣色了、相公揖立也、明旦流人宣下可令奉行之間、歸參　禁裏、還御之時、不及祗候也、今夜隆持朝臣於一條室町落馬云々、

四條隆持落馬ス

方違行幸散状

御方違行幸散状奉行書之、

公卿

按察中納言（通冬）　綾小路宰相

少納言

信光（日野）不參、　惟清

左衛門府

志大石親弘

近衛次將

左

親長朝臣（法性寺）

右

教言（山科）

暦應三年十二月

職事
頭内藏頭、隆持朝臣　藏人左少弁、宗光　頭中將、隆職依爲奉行書之、
反閉
泰尚(安倍)

(28張)

十三日、辰始、行幸還御也、予祇候局、卽着束帶、蒔繪大刀、無文帶、參殿上方、隆持朝臣依落馬不令奉行、仍俄被仰隆職朝臣也、弁宗光領狀之由本奉行載散狀之間、相催之處、稱所勞不參仕、仍可沙汰進朝光(日野)之旨、被仰大理(柳原資明)之間、領狀、數刻雖相待遲參、晝程可參云々、仍弁不參之例匡遠(壬生)注進例之間、令奏聞先行之、于時午刻許也、予着陣、端、本儀雖可着奧座、窮屈過法之間、刻限及遲々、仍以早速爲先者也、次予召官人、令置軾、次頭中將(隆職)闕腋袍、引裾、垂纓、撤老懸、行幸供奉以後未退出也、來軾仰云、檢非違使左衞門少尉源秀綱(佐々木)依有重科可被配流陸奧國、仰諸司除名、可止位記令作官符、源峯方(佐々木高氏)依有重科可被配流出羽國、仰諸司令作官符、予小揖、

(29張)

次召大夫史匡遠依弁不參也、仰之、▨匡遠參軾、仰詞同職事、次稱唯退、次匡遠持參頒送使交名、「予披見之、返下之、次外記覽官符、披見返下之、無(×直)內覽・奏聞儀、仍(×予)卽令撤軾退出、

佐渡判官入道(高氏・秀綱)々譽父子也、燒拂妙法院宮(亮性法親王)坊舍、及種々狼藉之間、山門衆徒蜂起之故也、件道譽可載俗名之處、爲高氏之間、當時將軍、鎌倉大納言尊氏(足利)卿同名有其憚之間、令作名也、每度例云々、

還御

流人宣下上卿ヲ勤仕ス

佐々木高氏竝ニ息秀綱ヲ配流等ニ處ス

將軍足利尊氏ヲ憚リ名ヲ作ル

光嚴上皇六條殿ニ御幸アリ長講堂供花

今朝爲供花　（光嚴上皇）御幸六條殿云〻、如法內〻儀也、

七个日可爲御所、予可祗候之由被仰下之間（×處）、欲申領狀之處、重可被仰之旨被仰下了、

（約六行分空白）

（30張）〇三十張ヨリ三十二張マデ、別筆ノ寫ヲ貼繼グ、

流人領送使交名

左衞門府

差進　流人領送使官人交名事、

少志中原章弼　　從參人

門部貳人　　從各貳人

右任例差進之狀如件、

曆應三年十二月十三日

流人領送使交名

右衞門府

差進　流人領送使官人交名事、

少志大石親弘　　從參人

門部貳人　　從各貳人

曆應三年十二月

右任例差進之狀如件、

　暦應三年十二月十三日」

太政官符

（31張）太政官符刑部省

　應除名前檢非違使從五位下行左衞門少尉源朝臣秀綱事、

右從二位行權中納言兼陸奧出羽按察使源朝臣通冬宣、奉　勅、件人坐事處遠流、仍除名如件者、省宜承知、依宣行之、符到奉行、

右少辨正五位下藤原（朝光）朝臣　　修理東大寺大佛長官正五位上行左大史小槻（匡遠）宿禰

　暦應三年十二月十三日

太政官符

太政官符左京職

　應追從五位下源朝臣秀綱位記事、

右同宣、奉　勅、件人坐事處遠流、宜仰彼職令追位記者、職宜承知、依宣行之、符到奉行、

辨　　史

　暦應三年十二月十三日」

（32張）○繼目裏ノ上端ニ「○」ヲ記ス、

太政官符

太政官符陸奥國司

流人源秀綱

使左衞門少志中原章弼　從貳人

門部貳人　從各壹人

右爲領送流人源秀綱、差件ホ人發遣如件、國宜承知、依例行之、路次之間、亦(×必)宜給食漆具・馬參疋、符到奉行、

右少弁正五位下藤原朝臣　修理東大寺大佛長官正五位上行左大史小槻宿禰

暦應三年十二月十三日

太政官符

太政官符出羽國司

流人源峯方

使右衞門少志大石親弘　從貳人

門部貳人　從各壹人

右爲領送流人峯方、差件ホ人發遣如件、國宜承知、依例行之、路次之間、亦宜給食漆具・馬參疋、符到奉行、

暦應三年十二月

辨　史

春日社神木宇治ニ遷座ス

藤原氏公卿出仕無キニヨリ六條殿祇候ヲ仰セラル

長講堂供花ニ参ル

夕座ニ祇候ス

出御祇候ニ就キ叡感ヲ示サル

父通顯ニ勅書ヲ賜ハル

通冬ノ昇進ニ就キ内意アリ

洞院公賢ノ推擧アリ

「暦應三年十二月十三日

（33張）十四日、申刻、自六條殿三位局（三條秀子）奉書到來、披見之處、神木已遷座于宇治、此上者藤氏人〻出（×難）仕弥（×之躰）難叶之上（34張）者、通冬可祇候之旨、被申家君（中院通顯、通冬父）、今日旁難」治候、自明日可沙汰之由、被申御返事了、

供花奉行左兵衛佐敎光（武者小路）、資明卿次男也、

十五日、申刻許、着直衣下絬、參六條殿、局西洞院面妻也、被候其所、戌刻許、夕出御、〻小直衣、檜皮、白御袙、御指貫、雲立涌、御上絬、予候（×着）御簾、歩御後、着御供花御座、其間候長押下、御目之後、着出御之座北方、供花了退下、簀子候、御所供花不令終給以前起座、是故實也、其程可思量也、入御儀如先、入御簾中、出御之間、下北面ホ候庭上、入夜之間立明也、

抑上皇（光嚴上皇）仰云、今度御簾及違乱之處、卽祇候、返〻神妙之由、種〻有叡感、可被進入道殿（通顯）於勅書、忩可傳達之旨被仰下也、（×之）間畏▨之旨其後退出、候局、頃之被出勅書之間、明旦未明可遣之旨申入之了、雖不可然密〻披見之處、通冬昇進事委細被載之、御沙汰之次第眉目之至也、然而祕心底不及口外者也、彼勅書雖有其恐、追可續加此記、且可傳末葉也、此事先日自洞院前右槐（公賢）如法密〻被告示了、」大略彼公加脣吻歟、自愛無極者也、

光嚴上皇自筆書狀

（35張）○三十五張・三十六張、正文ヲ貼繼グ、

（端裏書）「勅曆應三、十二、十五」

（端裏切封墨引）

此間通冬卿局なとへ、夜陰なとに被立入之條、態便宜ありぬへく候、如何候へき、忩劇与病氣いつとなく計會之間、其後閣筆候、早晩見參之便宜も候はむすらん、相構如夜陰心閑（36張）入見參、往事た（とカ）も申たく覺候、今年供花依不具子細、于今懈怠之間、「眞實破石」如形取行候、神木剰（×猶）遷坐宇治之間、御簾なとも闕如之處、通冬卿祗候、返〻目出思給候、昔も懃厚無ホ閑事にて候し、被思出候、兼又年（×元三）始公事共此分にて候、神木歸坐も難知候、仍出仕人〻難得勿論候、就中敍位儀兩年不被行之條、不快之由、永仁有沙汰、翌年（永仁四年正月五日）被行候、仍明年尤可被行歟之由思給候、然者中納言執筆先規不詳歟、當時又無其仁、今度通冬卿任大納言可懃仕歟之（×之由）由思給候、除目可爲廿日比候、然而爲兼日用意密〻令申候、出仕不定樣に承候しかとも、如此沙汰之上者、付公私爭不勵參哉之由思給候如何、事〻非面「者」（補書）難盡也、」

通顯請文

（37張）○寫ヲ貼繼グ、

仰旨跪承了、

抑今度供花中、尤可參申入候之處、持病之氣不快之間、難叶候、若扶得候者、一夜相構可參仕候、通

曆應三年十二月

冬祗候事、如此被仰下候、殊畏入候、明年敍位之儀、任永仁之例被行之條、誠目出存候、元三出仕未暗然候、事〻不具越上察候歟、然而御沙汰之次第、面目不能左右候之上者、爭不抽忠懃候哉、不顧異躰可沙汰立候、但未練蒙昧之間、定其嘲多候歟、兼恐歎入候、猶〻委細被仰下候、恐与悅更非言詞之所及候、加芳詞可然之樣、可令計披露給、空(通顯)ー(乘)誠惶誠恐頓首謹言、

十二月十六日　　空ー

大藏卿(高階雅仲)殿

」

通顯請文ヲ執進ス
朝座竝ニ夕座ニ祗候ス
(38張)

十六日、天晴、早旦進　勅書於仁和寺、御請文卽執進了、未刻許朝出御也、予直衣下結、候御簾、其儀如例、上皇御烏帽子直衣、下結御、下北面候庭上、〻夕出御戌刻許也、御裝束如去夜、予着狩衣、▨上結、候御簾、先〻夕出御之時無苦云〻、卿相雲客ホ少〻(指▨)參仕、

朝座ニ祗候ス
春日社神木ノ入京迫ル

十七日、天晴、朝出御、上皇御狩衣、香、文菊、纈繪、緯白也、裏同色、白御袙、御指貫、青鈍、文雲立涌、令下御結給、予予候御簾、供花終入御、其儀如例、其後新大納言經顯(勸修寺)卿參、神木入洛今日之由謳歌、以外珍事之由申入之、武家可防(×訪)禦之旨加下知云〻、南曹弁顯藤(藤原)參、神木事申入之歟、今日入華延引、明後日必定、可相觸藤氏人〻氏人〻可參向之由、可相觸諸家旨、衆徒ホ申遣南曹弁許云〻、於宇治橋已欲及合戰之由有其聞、仍以侍從中納言隆蔭(油小路)卿爲　勅使、被仰武家歟、防禦之沙汰太不可然、尤可有斟酌歟之旨可隨云〻　勅定之旨申入御返事、依之神木事入洛之間何召次・御牛飼ホ可祗候之由被仰之、

夕座ニ祇候ス
葉室長隆竝ニ冷泉頼定名家ト雖モ供花座ニ召サル

夕出御、入夜其儀如例、葉室大納言入道理圓〔長隆、〕參、被召出御座、冷泉中納言入道同〔頼定、〕被召之、面目之至、於上古者名家之輩不候此座云々、今朝又隆蔭卿被召此座、」

(39張)

興福寺大衆神木ヲ六條殿ニ遷サントス

十八日、神木可有遷坐此御所之由、衆徒僉議云々、然者入洛之時、可有還御云々、仍下部ホ被召置了、今日自仁和寺〔入道殿 内々〕。被進御茶於三位局、小瓶ホ御茶子少々被沙汰進了、

朝座竝ニ夕座ニ祇候ス
勅使油小路隆蔭宇治ニ遣ハサル

朝夕出御如常、依神木事侍從中納言爲　勅使、今日申刻許馳(×行)向于宇治了、衆徒狀云、旅殿可爲長講堂六條、由分明載之、自長者(一條經通)吉田宮・弘誓院間、可宜之由被仰欤、曾不及承引、乱惡之至不能左右也、

興福寺領押妨ノ排除ヲ需ムルモ遵行無キニヨリ嗷訴ニ及ブ

今度嗷訴之濫觴、大和國住人西阿蒙〔先朝〕(後醍醐天皇)吉野勅、近年構城郭、剰令(×被)押〔令〕(×領)妨寺領之間、差遣軍勢、可被對(×退)治之由、連々雖訴申之、曾不及遵行之故也、」細川兵部少輔顯氏已令進發、逗留八幡之間、弥令陸梁欤、

(40張)

從前ハ神木法成寺ヲ旅所トスルモ今ハ無シ
吉田社ニ入ルベキ旨ヲ申入ル

〔以勅使侍從中納言被仰事、〕。顯氏今日眞實可發向之上者、暫不可有入華之儀、次旅殿事法成寺毎度之例、而當時無彼寺之上者、如吉田宮有其便哉、可爲此御所之由、令申之條、太不可然、　後白河院崩御(建久三年三月十三日)之所也、即有御影堂、尤可憚哉、且又爲　仙洞、旁以可▨〔加〕斟酌之旨、含(×被)　勅命云々、侍從中納言直衣上絬、即馳向宇縣了、

朝夕出御如例、別當(資明)入夜參、夕出御之時、被召供花座了、終夜深雪降、

朝座ニ祇候ス

十九日、朝間雪猶降、〔及晝天晴、〕。今日朝出御々簾、土御門前中納言親賢卿本領狀之間、參勤之、於予局着用裝

神木六條殿入御必定ニヨリ上皇持明院殿ニ還御ス

御車寄ニ候ズ供奉ノ人々

束、直衣下絬、午斜出御、予幷大理資明卿、被召供花▨御▨▨其後入御、下北面ホ出居如常、未刻許、侍從中納言以使者申云、種〻雖令宥問答、曾不令承引、神木巳(×已)御進發宇治之由馳申、仍不及是非之沙汰、俄欲有還御持明院殿、御所中鼓騷以外也、予着布衣、可候御車寄」由被仰下之間、着花田狩衣、上絬、上皇御狩衣香、御上絬、申刻許還御、予寄御車寄、晝御屛風如常、祇候人〻、新大納言經顯・大理資明(×卿)・大藏卿雅仲ホ祇候、大理爲神木供奉　御幸以前退出了、　御幸下部ホ直垂、北面三人、各上絬、奉連(豐原)・康兼(源)・親有(藤原)、如法內〻儀也、予連軒、遣牛飼、雜色少〻召具之、酉一點入御持明院殿、

神木六條殿ニ入ル
足利直義ニ內裏竝ニ持明院殿ノ警固ヲ仰ス

神木已入洛之由有其說、予欲退出之處、無人上者暫可祇候之旨、被仰下之間、祇候、康兼自路次見實否、可馳參之由被仰、卽馳參云、已入御六條殿云〻、又以親有又仰云、遣北面於直義(足利)朝臣許、禁裏・仙洞警固于今不進以外也、忩今間可加下知之旨、被仰下之間、予以親有北面、仰遣了、忩可進之由申御返事、又以奉連神木之入洛被驚思食之由、被仰遣執柄(經通)、每事仰天之外無他候、只今欲馳參六條殿之由被申御返事、

上皇庭上ノ御座ニ下御ス

上皇出御、之後庭上ニ敷帖爲御座、庇御所前庭上也、予祇候御前、白雪猶相殘之間、敷紫端帖了、冷泉中納言入道馳參、頃之帥卿(三條)公秀、直衣(×冠)馳參、同候此疊、其後久我前右府長通公、直衣」冠、下絬、馳參、共諸大夫已下濟〻召具之、神木奉安置之程、可爲(×有)庭上御座云〻、爲被被遣北面奉連、拜見安置之後可歸(×馳)參之旨、被仰下之間、申出御旣馳向了、侍從中納言着布衣參、事之子細ホ申入之、所詮不及是非之沙汰云

佛名會延引ス
降雪ニヨリ上皇常御所簷下ニ入ル
上皇内裏ニ御幸アラントス
土御門親賢邸ニ宿ス
仁和寺ニ歸ル
先ヅ花園法皇ニ神木入京ヲ報ズ
(43張)
小除目延引ス
小除目上卿勤仕ヲ仰セラル

〻、先黄衣神人、次白人神人、次神木、次大衆ホ三百人許云〻、白晝入洛、近比無先規歟、今度沙汰之次第毎事物忩也、頭中將隆職參云、今夜佛名可爲何樣哉由申之、則(×仰)被仰合久我前槐ホ、於當日者入洛(×入)被加斟酌之條、可宜歟、仍被延引了、入夜白雪粉〻、數刻御座庭上之間、有御窮屈之氣、仍爲有。常御坐御所簷(×軒)下入御了、上皇着冠可參禁裏之由有仰、有庭上御座之故也、師卿云、於八幡神輿入洛之時者勿論、神木强無其儀候哉、仰云、先規勿論、然而正和(元年八月二十五日・三年三月十七日、花園天皇)下御之間、如然云〻、神木入洛之儀、追可尋記、藏人弁宗光許令供奉云〻、面〻卒爾之間、遲〻歟、今夜予退出、宿于土御門前中納言親賢卿亭、」

廿日、早旦歸于仁和寺、先參萩原殿、法皇(花園)御所、申入神木入華之儀了、早速馳申之由有御感、〻減歸華、窮屈無極者也、此間之式申入家君了也、今日宣下事延引、仍不及出仕、

(約二行分空白)

廿四日、今日　宣下事、小除目、又延引、來廿七日任大臣節會之次、可被行云〻、延引事、。晝程御教書到來、予可奉行之由申領狀了、」

(約八行分空白)

# （東京大學史料編纂所所藏中院一品記卷五紙背文書）

（2ウ）實雖無指事、可申承之由相存候之處、芳問之趣悅入候、於向後者細〻可申案內候、
（1ウ）抑左衛門督殿（通冬）亞相御所望事、先日直示給候間、御所存趣已　奏聞候畢、重以此旨可申入候、御心
中殊察存候、曾不可有尓閑候也、恐〻謹言、
七月十六日（暦應三年）

〇一條經通

〇二張紙背ニ十四張紙背ノ、一張紙背ニ六張紙背ノ墨映アリ、

---

（4ウ）實夏卿（洞院）昇進事（暦應三年七月十九日、任權中納言）、八座四个年勞當家近例邂逅候了、朝奬無相違之條、自愛候、故示給候、尤恐悅候、
（3ウ）彼御所望事、今度者大略傍若無人候歟之由察申候之處、不及沙汰候、頗慮外候、心事千万期後信
候、恐〻謹言、
七月廿一日（暦應三年）

〇洞院公賢

（切封墨引）

〇四張紙背ニ三張紙背ノ、三張紙背ニ四張紙背ノ墨映アリ、

（6ウ）依無指事閣筆候之處、委細芳問爲悦候、
（5ウ）抑除書來十二日（暦應三年八月カ）必定候、亞相事先度執　奏候き、然而不及勅許之條、痛入候、」且示給候趣具可申
入候、恐々謹言、

乃刻

○一條
經通

○六張紙背ニ一張紙背ノ、五張紙背ニ十三張紙背ノ墨映アリ、

（9ウ）明日八幡講可有御結縁候哉、樂目錄先日進候き、必可有光臨候歟、此講爲源氏繁昌令發願候了、御
（7ウ）同心候者、定可叶冥慮」事候哉、毎事期面候也、謹言、

七月□□日

○久我
長通

（切封墨引）

○九張紙背ニ七張紙背ノ、七張紙背ニ九張紙背ノ墨映アリ、

（10ウ）亞相御所望事、以此旨殊可　奏聞候、委曲併期後信候也、謹言、

（暦應三年）七月九日

○一條
經通

○二十張紙背ノ墨映アリ、

(13ウ)御昇進間事、今明程可參　仙洞(光嚴上皇)候、其時猶委細可申入候、去年以來。御粉骨存知事候、如此承候上者、
更不可有ホ閑候、謹言、」

(11ウ)(暦應三年)七月十三日　○一條經通

○十一張・十三張紙背ニ五張紙背ノ墨映アリ、

(12ウ)先日賢札慥拜見候き、御所望事、以此旨能々可申入候、任槐節會(暦應三年七月十九日、二條良基任内大臣節會)可爲來十八日之由、奉及候、其以
前可有御馳走候哉、於身者雖不可有ホ閑候、不可被憑思食候、其段は○後紙闕ク、

○十九張・十五張紙背ノ墨映アリ、

(14ウ)このやう猶々よく申さふらふへく候、御心のうちさそと返々をしはかりまいらせ候、／あはれさ
うゐなき／御事にて候へかしと思まいらせ候へく候はゝ、よろつ又々申候へく候、あなかしく、

○二張紙背ノ墨映アリ、

(20ウ)
此間連〻申奉之條恐悦候、任槐事(暦應三年七月十九日、二條良基任内大臣節會)可爲十八日之由其沙汰候歟、御所望事可申入候、但今明は不可

(19ウ)
出仕候、内〻又可被申候歟、自昨日痢病事候之間、假」他筆候、恐存候、恐〻謹言、

(暦應三年)七月十四日　(柳原)資明

」

(切封墨引)

(15ウ)

○二十張紙背ニ「内〻又」ノ習書アリ、二十張紙背ニ十張紙背ノ、十九張・十五張紙背ニ十二張紙背ノ墨映アリ、

---

(21ウ)
誠先[日]参會畏存候き、以便宜必可参上候、如此蒙仰候之條、殊畏悦存候、抑十五夜御會懷紙未及書寫候、近日可被進方〻候歟、令書寫者○後紙闕ク、

○十五夜御會ノ事、暦應三年八月十五日條ニ見ユ、

---

(22ウ)
依無指事閣筆候處、芳札悦存候、
抑左衛門督殿亞相御所望事、早以此旨可　奏聞候、都護事同可得此意候、神木動座間御粉骨誠察存候、條〻曾不可有ホ閑候也、恐〻謹言、

乃刻　○一條經通

○通冬按察使ヲ兼ヌル事、暦應三年十一月二十日條ニ、春日社神木動座ノ事、同月一日條ニ見ユ、

東京大學史料編纂所所藏中院一品記卷五紙背文書

（23ウ）御けんくわんの事、めてたく候へく候、この文のやうをやかてひろう候へく候、／御さか木しけ
（25ウ）さに／つねはひとり御ほうこうのみさふらふと、よろついたみあるやうなる」御さたを如法〻〻
ありたき御事けに候、かやうに又申され候、めてたく候て、あなかしく、

○二十三張紙背ニ四十二張紙背ノ、二十五張紙背ニ次ニ掲ゲル墨映アリ、通冬按察使ヲ兼ヌル事、暦應三年十一月二十日條ニ、春日社神木動座ノ事、同月一日條見ユ、

---

○第二十五張紙背墨映、

闕、○前天氣上啓如件、

十一月十二日　□□

謹上　左衛門督殿

---

（26ウ）悦奉候畢、諸公事御参勤併察申候、今夕除目御参目出候、任官所望之輩一紙賜候了、早可　奏聞候、
又尚秀事可得此意候也、謹言、

（暦應三年）十一月廿日　○一條經通

○除目ノ事、暦應三年十一月二十日條ニ見ユ、

（27ウ）
彼都護御慶事、長久之嚢躅（四年正月二十四日、源師房兼按察使）、御自愛察申候、金吾遷任事、重令申所存事候き、而推以被任候、恐悦相兼候、故示給候、爲本意候、亞相事、闕之時殊可〇後紙闕ク、

〇洞院公賢ノ筆ナリ、三十八張紙背ノ墨映アリ、通冬左衛門督ヲ去リ、按察使ヲ兼ヌル事、洞院實夏左衛門督ニ遷ル事、暦應三年十一月二十日條ニ見ユ、

---

（28ウ）
去夜參會誠恐悦候、都護御兼帶事、長久佳例（四年正月二十四日、源師房兼按察使）、御自愛察申候、金吾（洞院實夏）事御沙汰之次第恐悦候、併期參會候、謹言、

（暦應三年）十一月廿一日

〇洞院公賢

〇通冬左衛門督ヲ去リ、按察使ヲ兼ヌル事、洞院實夏左衛門督ニ遷ル事、暦應三年十一月二十日條ニ見ユ、

---

（29ウ）
去夜小除目任人折紙二枚謹進上候、須差進六位外記候之處、与奪之間、恐遅〻内〻所進上候也、（中原）師右誠恐謹言、

（暦應三年）十一月廿一日　　大外記中原師右上

進上　藏人大夫殿

〇三十三張紙背ニ墨痕アリ、モト二十九張紙背ノ袖部ナリ、小除目任人折紙ヲ外記ニ貸與セル事、暦應三年十一月二十日條ニ見ユ、

（43ウ）
鞭・鎊羈・差〻縄打交・轡、此ホ先大切候、御所持候哉、件日庭座定御出仕候歟、／□うつくしく□つけて候也、少〻所持候しも無跡形、仕丁裝束、唐笠袋も申請たく候、

先日委細御報之趣恐悦無極候き、御茶拜領殊畏申之由、可被傳申候、抑來廿四日（暦應三年十一月）賀茂臨時祭舞人三位（岡崎範嗣）沙汰進候、加扶持候、可被任右（×左）兵衞府之由、被仰下候云〻、兵衞府隨身裝束、弓箭・劍已下色目（34ウ）不審候、如記錄未勘得候、可被注下候也、「　　　　　　」申仁候、或左蘇芳、右朽葉之由申候、尤迷惑候、可奉候、又兵衞佐舞人懃仕、隨身不持弓箭、指鞭候哉、如何、同可被注下候、若猶帶弓箭候哉、然者壺勿論候歟、無才學之間、周章候乎〻〻〻、委可奉存候、兼又馬脳御帶、件日可申請候、其外舞人具足何にても御所持候者、可申請候、先物可被示下候也、他事猶不及委細候、旁參申入候へく候、範國（岡崎）謹言、

十一月十六日　範國上

○四十三張紙背ニ「沙」ノ習字アリ、三十四張紙背ニ四十三張紙背ノ墨映アリ、
賀茂臨時祭ノ式日ヲ延引シテ行ハルル事、暦應三年十一月二十九日條ニ見ユ、

（37ウ）
昇進事、方索累葉之餘慶、令居亞槐之王官（暦應三年十二月二十七日、通冬任權大納言）候條、雖知恩化之無偏、猶恐虛受之難謝、今披賀章、弥添氣味候歟、恐〻謹言、

（暦應三年）
十二月廿九日　　　　　按察使通冬

（38ウ）
○本紙闕ク、

追申、

都護御兼任事、珍重〻〻、可早賀候、

○二十九張紙背ノ墨映アリ、通冬按察使ヲ兼ヌル事、暦應三年十一月二十日條ニ見ユ、

（39ウ）
先日小除目任人折紙二枚慥返給之状、如件、

（暦應三年）
十一月廿三日　　　　○通冬（花押）

○二十七張紙背ノ墨映アリ、通冬小除目任人折紙ヲ外記ニ貸与セル事、暦應三年十一月二十日條ニ見ユ、

（40ウ）
都護御兼帯御佳例不能左右歟、目出候、兼又任官所望輩事、昨日卽時　執奏候き、而猶御沙汰滞候之條、歎存候如何、謹言、

（暦應三年）
十一月廿一日　　　　○一條経通（花押）

（通冬）
按察中納言殿

○通冬按察使ヲ兼ヌル事、暦應三年十一月二十日條ニ見ユ、

---

(41ウ)
舞人行粧

仁安三、四、一　石清水臨時祭

舞人

｜｜

｜｜｜

左兵衛佐公綱(藤原)　随身二人、二藍狩袴、付款冬、

仁安四、二、十三　皇后宮(藤原多子)平野行啓

舞人　｜｜｜

右兵衛佐源雅賢

随身二人、褐衣、濃打衣、萌木狩袴、差鞭、帯劒、壺胵巾、淺履、

小舍人童、二藍上下、款冬衣、青單衣、

右兵衛佐藤家光

〃〃〃〃〃

雑色六人、赤色拔布襖上下、款冬衣、出也、青單、

右兵衞佐藤家光

小舍人童二人、二藍上下、以色々纐纈絲縫杏葉文、款冬衣、着籠了、青單衣、

隨身二人、蘇芳狩袴、物具同前、

雜色六人、朽葉上下、以色々絲繡鴛鴦等文、萌木唐綾衣、着籠、蘇芳單衣、

○本文書、曆應三年十一月二十九日ノ賀茂臨時祭ニ關ハルモノナラン、

---

(42ウ)

遷任事、朝奬之至、自愛之處、故披芳札、更添氣味候者也、恐々謹解、

(曆應三年)十一月廿一日　　左衞門督實夏(洞院)

○洞院實夏左衞門督ニ遷ル事、曆應三年十一月二十日條ニ見ユ、

○暦應四年正月記ハ、東京大學史料編纂所所藏原本卷六竝ニ公益財團法人大和文華館所藏斷簡（洞院公賢書狀）、國立公文書館所藏寫本（二冊本）ノ內ヲ以テ底本トス、又國立公文書館所藏寫本（二冊本、符號㊁）竝ニ同寫本（一冊本、符號㋑）ノ內ヲ以テ補フ、

通冬本年二十七歲、從二位、權大納言、按察使

史料編纂所所藏原本卷六

（1張）
「（端裏附箋）三十一枚」
「（端裏打付書、別筆）暦應四年春」

暦應四年辛巳、

正月大庚寅、

京中ニ赴キ安居院善心宿所ヨリ出立ス

院御藥光嚴上皇出御アリ

一日、己酉、天陰、不雨降、院（光嚴上皇）御藥幷節會內弁可參勤之由、窮冬被仰下之間、依卒爾不及行粧之沙汰、中入領狀者也、仍午刻許內々出京、於安居院甲斐入道善心宿所出立也、御藥奉行隆持（四條）朝臣數个度以使者被催促、然而前駈馬以下有不具之子細之間、令遲參、酉半許少々沙汰具之間、着束帶、飾大刀、有文帶、付金魚袋、紺地平緒、下襲裾自日來一尺延之、前駈二人、左近將監高階時茂・左馬助源氏基、如木雜色一人、平禮、下結、着沓、駕毛車、借用花山院亞相長定卿、參仙洞、於西向門下車、漸秉燭之程也、戌刻　上皇出御、々烏帽子直衣、於庇御所有御藥儀、南面下格子、座上下擧掌燈、中央、次予蒙御目之後、入自西向着座、端、綾小路宰相重資卿（庭田）、同着端座、殿上人置（2張）火於爐、予解劍置座前、笏同置之、横サマニ置、笏ハ劍ノ下ニ置也、」着上、自本座聊着上也、次置白散櫃下官前、次持參菓子、隆持朝臣、予取之、置御前、次持參御盃、次持參御銚子、予開白散櫃、先入屠蘇、次入白散、次入度嶂散、各三度入之、進

尋デ參內ス

御前、一度令受御、次下御銚子、本役人參給之、次下御盃、置予前、居直之後目宰相、受之飲之、下官(×了)授盃於綾小路宰相、〻〻起座取之、次二獻、流巡如先、次三獻、同前、三獻了後下加物、下御膳菓子一種也、橘一器取之、予橘一取之、開檜扇置之目、綾小路宰相進取之、退本座、次予如食入帖紙、次予撤菓子、次撤白散、次第本役人撤之、次予於本座帶劍、次入御、予以下〻座前、次自下﨟起座退出、次參　內、於持明院(光明天皇)殿南惣門邊新中納言(久我通相)參會、前駈ホ下馬、垂簾留車云〻、予前駈時茂、今一人依馬違乱、內〻參會也、下馬歩行過、予車同過了、次參　內、正親町東洞院也、於一條東洞院下車、先參御所、未供御藥之間、節會及遲〻、其間予遂着陣、其儀、先着(暦應三年十二月二十九日、任權大納言)奥座、次移着端、官人申時、以下如例、中文直弁藏人弁宗光(柳原)、吉書藏人右衛門佐仲房(萬里小路)、(暦應三年十二月六日、補藏人)仲房職事以後吉書、上卿兼日相語之間、予領狀、則件吉書通用、

任權大納言ノ著陣ヲ遂グ

御藥
元日節會
內辨ヲ勤仕ス
出御無シ

丑刻許有御藥儀、其後改御殿御裝束、此間」(3張)予着陣、奥、平中納言宗經、綾小路宰相重資、同着陣、頃之藏人佐來予座下、仰內弁事、其次仰國栖止笛、立樂一向停止之由、予小揖、不仰出御有無之間尋之、不可有出御之旨答之、次藏人佐退、次予起座、出宣仁門代外、招六位外記令押笏紙、自帖紙取出之、續飯裹心葉同給之、可押之程ヲ量給笏、假令一寸餘、入宣仁門着端座、此說爲土御門殿御(源師房)所爲、仍當家執之、次召官人令置軾、次以官人召外記、其詞、大外記召せ、大外記師右(中原)來軾、問諸司、其詞、諸司ハ候哉、外記申候之由、又問云、諸司奏候乎、申候之由、又云、

外任奏

外任奏ヤ候、申候由、仰曰、持參レ、次持參外任奏、置笏於左膝下、以右人指〻引寄筥、於筥中披禮紙、二倍ニ押折天披見、奏不結、爲吉也、入筥、次外記退、次以官人招職事、其詞、藏人佐此方爾、〻〻來軾、奏聞、左手持笏、以右手推出筥、以文下方、爲職事方、職事取

諸司奏

之、予曰、諸司乃奏內侍所爾、職事　奏聞之後、歸出返給之、予置笏於奥方、引寄筥、披禮紙披見、

國栖ノ笛竝ニ立樂ヲ停メラル

當家不結申也(×也)、次職事無仰詞退、未練之故歟、次召外記返給、予仰云、。諸司奏事聞食了、此次仰停止事、國栖止笛、立樂停止、外記退、次予向奧座、目平中納言、次第出外弁、次使官人▨軾新中納言通相、未着陣、今夜拜賀許也、

近衞府陣ヲ引ク

(4張)仍直着外弁、召官人撤軾、次予起座、於宣仁門代外立蔀、着靴、」前駈ホ令役之、近仗陣及遲〻、引陣之後、予入中門、着宜陽殿兀子、次內侍臨西檻、次予起座、微唯、○「微唯」左脇ニ手偏ノ書キサシヲ磨消シタル跡アリ、揖進(×出)入軒廊內、刷衣服、

通𬼀練歩ス

歩出於橘樹南頭、練始、先右足、早練、至右仗南東頭(×頭)立留、向艮《ウシトラ》一揖、再拜一揖、左廻練歸、於初所練留、。歩入

開門

軒廊見扇次第、流例也、次昇堂上着兀子、端、次顧座上、仰曰、開門仕レ、陣官申開門之由、次又顧座上、仰云、闈司座ニ罷寄レ、陣官申闈司着座之由、次召舍人、二音、以笏當口程、刀ハ長ク、禰ハ短ク、利ハ長、自刀ハ短也、少納言代敦有朝(綾小路)臣着版、予宣、大夫《マチ》君達《キンタツ》召せ、次外弁□□予宣、敷尹、諸卿再拜、次謝酒、拜了着堂上兀子、平中納言

外辨公卿參入ス

謝座謝酒

勸盃

國栖奏

奧、・新中納言端、・綾小路宰相着床子、次昆屯(餛飩)、予下殿催之、次飯・汁、次一獻、流巡如常、國栖奏、止笛、予同催之、次二獻、了御酒勅使無奏請之儀、予直召其人、綾小路宰相、其詞、參議源朝臣ト召也、進予後揖、予仰云、大夫君達ニ御酒《キ》給ハム、次宰相下殿、取交名進立、其儀如例、次三獻、次予拔箸、也〻

宣命ヲ見ル

(5張)凡毎度下殿之時、拔箸、不拔匕、下殿向陣座、乍着靴、着」端座、右足踏地、左足在疊、不揖、召官人令敷軾、敷之次仰曰、內記ニ宣命持參レトユへ、ユへ二字消之、內記持參宣命、挿杖、置笏於座奧方、以左右手取宣命披見、了置前、內記退、次

見參竝ニ祿法ヲ見ル

召官人、仰曰、外記爾見參・祿法持參レトユへ、如前、次外記持參見參・祿法、挿一杖、跪候小庭、予目之、就軾進之、置笏、以左右手取文置前、披見之、先侍從見參、參議以上載此內、如本卷之、次披見非侍從見參、卷

宣命奏
見參奏

加之於次侍従見參懸紙之内、又披見祿法、同卷加之、次宣命与見參ホ一度給外記、令挿之、退立小庭、次予起座、不揖、進立無名門代、外記相從、付職事奏聞之、予指笏、取文杖授職事、返給之時又指之、返給、令持外記、於軒廊取宣命、副笏、歸着堂

宣命使宣制

上、次召參議重資卿、進立予後、給宣命、以文下向參議、自左袖下出之、宣命使復座、次予拔箸・匕起座、出軒廊、列立右當時西禮、左仗南頭、宣命使着版、宣制一段、群臣再拜、又一段、拜舞、宣命使歸入、次予以下不及堂上退出、及〻曉天了、

節會散状

元日節會散状

公卿

下官　平中納言宗經、

新中納言通相、帶劍、紅梅地平緒云〻、　綾小路宰相重資、帶劍、彼家於宰相被聽勅授云〻、

（6張）

辨

左中、雅顯朝臣（壬生）　宗光

次將

左

少納言代、敦有朝臣

右

教言（山科）

（約八行分空白）

院御藥ニ參仕ス

二日、天晴、今日參　院御藥、予着直衣、下絬、薄色指貫□□　前駈二人、如昨日、但裝束着衣冠半靴、騎馬前行、予駕網代車、片網、

通冬直衣始

（7張）今日直衣始儀也、申刻許參、卽有御藥儀、被垂御簾、依神木在洛也、出御（×予着）、予着奥座、綾小路」宰相束帶、着端座、下官勤陪膳、其儀如昨日、三獻、次第流巡、下加物、酉刻事了入御、臣下蹲居、所役殿上人濟〻、追可尋

參內ス
久我長通邸ニ參ル

記也、其後申入御方〻退出、卽參　內、於黑戶御對面、卽退（×退）出了、其後向太相國（久我長通）第、爲賀申也、於公

任太政大臣拜賀扈從ヲ約ス

卿座對面、相國着小直衣、數刻言談、拜賀扈從事、可被相憑之由被示之間、不顧異躰可構參之旨返答了、（暦應三年十二月二十七日、長通任太政大臣）

子刻許歸旅所（×華了）、窮屈無極者也、

（約四行分空白）

院御藥ニ參仕ス

三日、天晴、今日御藥、可早參之由被仰下之間、午刻許着直衣參、如昨日、綾小路相公遲參、被責伏之、欲向左兵衛督直義（足利）朝臣許之間、遲參云〻、不□□□之條、有若亡也、頗不知禮歟、申刻許出御、〻藥儀如例、

花園法皇ニ對面ス

次參　仁和寺、萩原殿（花園法皇）、女房對面、於御浴殿上被勸一獻了、次法皇出御、〻對面、其後退出、歸華秉燭之程也、前駈ホ出京宿所、今日參仁和寺之路次、殿上人ホ行遇（×過）、自下﨟留車、共者下馬、予前駈下馬步行過、予車垂簾、遣之、於一條大宮邊六位史盛宣（安倍）參（×參）會下車□」

父通顯ト共ニ成助ノ坊ニ参ル

（8張）入夜家君（中院通顯、通冬父）入御僧正（成助、通冬叔父）御坊、予同參、故有三獻之儀、引[出]物也、

（約三行分空白）

敍位執筆ヲ仰セラル

四日、天晴、今日秀治進酒肴、故有盃酌之儀、如法密〻事也、未刻許御教書到來、敍位執筆予可勤仕

春日社神木在京ニヨリ藤原氏ハ出仕能ハズ

云〻、是依神木在洛、（暦應三年十二月十九日、入京）三公以下藤氏人〻不出仕之間、下官爲末座大納言勤仕之、祝着自愛無他者也、

卽獻請文了、

御教書云、

光明天皇綸旨

敍位儀可爲來六日、可令候執筆給者、依

天氣言上如件、宗光誠恐謹言、

正月三日　　左少弁藤宗光奉

進上　按察（通冬）大納言殿

請文案、

通冬請文

敍位儀可爲明後日、六日、可令候執筆之由承候了、早可存知候、可令得此御意給之狀、如件、

正月四日　　按察使通冬

兩年ニ渉リ敍位ヲ行ハザルハ不吉ナリ

（9張）六日、天晴、今日敍位儀也、下官初候執筆也、卒爾之催申領狀之條、頗爲不敵之至、還招傍家之[嘲]{欤}、

可慙可懼、昨日依爲御衰日延引、今日被行、是流例也、兩年不被行敍位之條、嘉禎（元・二年）之外無其例、[爲]{不□}

一條經通邸ニ參ル

藤原氏爵ニ就キ談ズ

陣外ノ中原章有邸ニ寄宿ス

崇明門院院號ヲ復セラルルニヨリ御給ノ申文ヲ獻ズ

參內ス

北畠邊ニ火アリ

院ヨリ小折紙到來ス

著陣

長通ヲ源氏長者ト爲ス

敍位執筆ヲ勤仕ス

諸卿ヲ召ス

筥文ヲ仰ス

□〔吉イ〕之間、永仁有沙汰、次年(四年正月五日)被行之、去年依神木動坐、不被行、仍今年所被行也、酉刻許內々向關白(一條經通)第、對面、烏帽子直衣、藤氏爵幷藏人交名□雖可尋職事候、內々存知大切之由令申之處、永仁度不敍當氏爵、仍今度加斟酌、橘氏モ如然歟、藏人名字事、其仁未治定之由被返答、其後暫申談執筆事ホ了、正慶(元年十一月十二日)入道(通顯)勲仕之時、粗見及候之間、不恐楚忽、以(×欲)庭訓之分、欲令勲仕之由申了、予寄宿陣外官人章(中原)有宿所也、戌刻許、大外記師右來、予對面、直衣、持參文書、見了返□□〔遣之イ〕院宮次第文書積様注進之、次給硯、以高檀紙二枚裹之、筆二管幷黑〔墨〕一廷〔挺〕太平、同以高檀紙二枚裹(×裹)之、師右取之退出、崇明門院(禖子內親王)々々号事、被用元弘(元年十月二十一日)宣下之由、未被仰下之間、不奉入院宮次第之旨、師右申之、仍內々付女房尋申　仙洞之處、被用之由已被申云々、崇明門院御給事、以御使有被仰合旨、卽計申獻御申文、予爲彼女院別當也、

(10張)

丑刻許、着束、蒔繪大刀、紺地平緒、帶、無文帶、前駈先(×歩)行、取松明、此間寒嵐烈、白雪降、北畠邊有燒亡、卽消滅、小折紙自　仙洞未被進之間、數刻相待之、□刻奉行職事宗光自　仙洞參、小折紙進御所、卽予着陣、令敷軾、宗光來云、太政大臣可爲源氏長者、宗光爲弁之間、卽可令下知之由仰之、次宗光又來云、今夜可有敍位、召仰諸司、卽令下知宗光了、卽退、次召大外記、以官人召之、次師右參進、仰之、其詞云、今夜可有敍位、文書相具候へ、師右稱唯退、

次頭內藏頭隆持朝臣來軾、召公卿、次下(×予)官召外記、仰曰、筥文爾候へ、次六位外記ホ取筥文列立小庭、

笏文ヲ取リ堂上ス

次令撤軾起座、參進無名門代殿上屏前也、立、北面、揖如常、參議重資卿東面立、參議列弓場□□□東上□不□也、准彼南砌、予立之程ヨリ可寄北歟、頗寄南立、未練哉、(×也)外記ホ取笏文列立、次予揖進東立、西面、揖、次目外記上首、則參進立予前揖、予乍立指笏取笏文、硯笏也、水入・小刀以下小具足ホ令檢知取之、故實也、次外記退本列、此間予持笏、外記歸列之間、相待也、予乍持笏揖、參議答揖、此間白雪漸埋地、(×白雪漸)入無

笏文ヲ執筆座ニ置ク

名門代、昇堂上、入寢殿西妻戸、副母屋御簾、置笏文於第一圓座、先膝行五度三、置之、先左膝、次右膝、次左膝、次逆行、拔笏、引裾、左手持笏、右手□聊引之、當家例也、(11張)」左廻經本路出妻戸、經簀子着庇座、納□□綾小路宰相取笏文、依無人數二度取之、藏人頭取之條、有先例歟、而正慶大嘗會敍位入道殿御執筆也、兩度取、就其例當代先々如此云々、綾小路宰相着參議座、南北行、

出御アリ執筆座ニ著ス
十年勞ヲ奏ス

次主上令引御簾給、予揖起座、下簀子、入額間着第一圓座、其傍聊伺氣色、次令引御簾給、予小揖置笏、移入第二笏文書於第三笏、留十年勞小披見、置替件笏於硯笏跡、以左手持上十年勞笏、以右手押遣硯笏於左、更披見十年勞返入、指笏取笏膝行、就簾下□□左ノ方ヘ廻、板ニ付テ廻也、以左手褰御簾、以右手指入笏、退拔笏、頗敬屈候、不正座、龜居也、御覽了返給、予忩指笏、就簾下給笏、取廻逆行、復座拔笏、置左、如本置替硯笏跡、同先、可准知、(×准可)次々笏ヲ以テ聊引直之、

續紙ヲ召ス

正笏候、次依仰每度令引御簾給也、小揖、召男共《ヲノコトモ》、二音、宗光參上、仰云、續紙《ツキカミ》、卽退、次宗光續紙二卷盛柳笏持參、予自座下取續紙二卷、不取柳笏、置前、正笏候、次依仰小揖、置笏見續紙、美紙ノ勝タルヲ取殘ル、今一卷先入第三笏、頗向座下

墨ヲ磨リ筆ヲ執ル

方、繆置卷返、置硯右、繆之樣ハ無作法、只尋常躰也、次摺墨染筆、依仰小揖、(×正笏候)置笏□〔見ニ〕續紙ヲ奧ノ方ヘ卷寄、置其程書從五位下、

省奏ヲ敍ス

(12張)關白祇候之時、先問加階人數於關白相計也、置前、次敍式部民部省奏、」其儀、取在第三筥省奏、撤短尺、竝置硯右方、取式部奏、向座下披押合持、向前方讀申、小狀ヲ讀也、置硯右、取敍位書之、可書王氏・藏人之程置之、書了讀申、姓名、省奏ニ懸勾、小狀ニ懸、入十年勞筥、今度無民部之間、不敍之、

院宮申文ヲ召ス

次召院宮御申文、其儀、予取笏奏曰、院宮御申文、被引御簾、次召參議、其詞、參議源朝臣、重資卿參予後、仰云、院宮御申文、參議退、

王氏ヲ敍ス

此間敍王氏、其儀、取名簿、在第三筥上方、撤短册、入硯筥下板下、讀申置硯右、敍之、從五位下、第一也、讀申懸勾申文、入十年勞筥、

藏人ヲ敍ス

次王氏下ニ敍、敍藏人、以男共召奉行職事、宗光參、予尋藏人交名、(×尋交名)藤原盛季申之、此間持參院宮御申文、自座下取之、置硯右、置敍位於右大臣(鷹司師平)圓座前、押硯以下於座下、指笏取御申文、膝行、就簾下取廻文進入之、小退拔笏敬屈候、御覽了返給、引禮紙、令一通中卷籠、被出之、□指笏膝行、參進取廻文、退復座、置前拔笏、此間被出大束申文、小折紙加之、外記勘文□(×指笏)以紙捻惣結之、不盛硯蓋、指笏參進給之、復(×引)座拔笏、引寄硯以下筥於本所、竝置御申文於硯右、任院宮次第竝之、

史ヲ敍ス

次敍史、取在硯筥申文、有短册、(13張)讀申置硯右、敍之、讀申勾申文入筥、

源氏ヲ敍ス

次敍源氏爵、」取在硯筥名簿、短尺取之、無之、讀申置硯右、敍之、讀申勾名簿入筥、

藤原氏竝ニ橘氏ノ氏爵無シ

藤・橘氏爵無之、

院宮給ヲ敍ス

次敍院宮御給、先撰取未給申文、召重資卿令下勘、不書袖書、外記ニ下勘ヨ、以詞仰之、外記不注申、以詞無相違之申之、舊記云、注(×注)別紙云々、今度無其儀(×儀)如何、院宮給敍了、於未給□〔其カ〕院之次、或最末兩說也、今度其院之次ニ敍也、

諸司勞ヲ敍ス

次(×次敍)開外記勘文、敍爵所ニ卷寄、敍諸司勞、尻付諸司、

外衞勞ヲ敍ス

次敍外衞勞、尻付外衞、左右近任ヘキ程ヲアケテ敍外衞也、書了讀申、取上勘文引點、每敍一人如此、勘文ハ挿大束也、有檢非違之時、外衞上、但今夜無之、

近衞勞ヲ敍ス

次左右近申文在第三筥、

臨時爵ヲ敍ス
一加階ヲ敍ス
尋デ従五位上他ヲ敍ス
敍位簿ニ年號月日ヲ記ス
奏上ス
清書ノ上卿無キニヨリ入眼モ奉行ス
位記ヲ召ス
入眼請印

取之讀申、小状、敍之、讀申、懸勾於中文入筥、次召弁左中弁雅顯朝臣、仰「云」（補書）、入內・一加階勘文、弁退、先之
取笏奏事由、勅許之後召弁也、此間見小折紙、敍臨時爵、最末ニ書之、今度無外階可敍之姓、小折紙ニ被
書爵ヲハ皆臨時ト付也、少々（×入內）敍之間、持參一加階勘文、入內無之云々、予取之置前、爵ホ敍了、書従五位上、
讀申勘文敍之、其後任折紙敍之、次第ニ逆上書之、一階之內ハ任次第敍之、書様許逆上也、如然ス
（14張）
レハ加階次第ハ不違也、關白參之時者、一加階勘文付關白奏聞、返給敍之、」小折紙ニハ任敍了突
點、（×也）了懐中之、
無尻付者ハ府勞許也、縦雖被付小折紙、敍位ニハ不可書尻付事云々、府勞トハ中少將一級也、皆悉敍
了書年号月日、巻敍位更披見置前、次取第二筥文書、成文幷十年勞ホ、移入第三筥、不令混合、取敍位入第二筥、
置替硯筥跡、押硯於右、奏之、大束入加敍位、本儀敍位奏了後、又返上大束、今夜儀已及天明、事々及遲々之間、就或説入加之、返給之時、大束被留御所了、別返上之時ハ、取大束置右大臣圓座前、奏敍位云々、御覽
了返給敍位、其作法ホ一々如初、復座取替筥、敍位ヲ取出テ置前、次文書ホ如初納之、第三筥ニ移入之文書、返入第二筥、取副敍位於笏、深
揖起座、左廻經簀子出殿上方、此間深雪粉々、清書上卿無領狀之間、予同奉行入眼、相尋六位外記
之處令遲々、予副敍位於笏着陣、端、召官人令敷軾、令持外記常說也、（×事）取副笏着陣、有先例也、綾小路宰相同着座、召弁令敷內記座、掃部寮敷
之、次召內記、大內記時親（唐橋）參軾、予仰云、位記持參レ、次內記持參位記筥・硯ホ、着座、東上北面、砌內、依雨儀也、六位內記
同參之、予召大內記、給敍位簿、內記一々入眼、入筥持參之、無名位記作設、隨敍位書入之、予加檢察、次令請印、（×內）少納言

信光(日野)未練之間、諸人扶持之、弥惘然也、仍於(×事)」

---

大和文華館所藏斷簡

下名ヲ記ス

持病ヲ發ス

三代ニ亘リ執筆ヲ勤仕スルヲ歎ブ

敍位簿

(1張)事令遲〻、中務輔仲能朝臣(源)・少内記盛宣(安倍)六位史、請印之間、召外記仰硯・續紙、持參之、召參議令書下名、奏聞之時指加式・兵位記筥上、下名上ニ書式・兵、次付弓場奏聞之、位記筥留御所、次歸着陣、次令撤座、次召外記撤硯、次召内記給敍位簿、次召官人令撤軾、次予退出、窮屈無他者也、終夜白雪被侵冷氣、持病之氣出現、毎事及遲〻之間、任近例以簡略爲先、不足後例者歟、已終退出也、今度執筆窮冬俄被仰下之間、卒爾弥雖招嘲哢、愁申領状了、家君正慶度〻有御勤仕、是後圓光院關白(鷹司冬教)被授申口傳ホ了、故内大臣殿(中院通重、通冬祖父)又被受申後照念院(藤原冬平)御説了、三代相續▨▨令候執筆之條、祝着自愛相半者也、委細猶可注置別紙、小折紙・敍位簿。別(案)調置之、然而簿許移載此記、

正四位下

藤原朝臣兼親(楊梅)　臨時、

藤原朝臣定宗(中山)　臨時、

藤原朝臣忠季(正親町)　臨時、一院(花園法皇)當年御給、

臨時ハ以小折紙敍之、折紙ハ大略臨時也、

従四位上

藤原朝臣實長(西園寺)　廣義門院(西園寺寧子)當年御給、」

藤原朝臣藤長(甘露寺)　臨時、

源　朝臣雅顯　臨時、

惟宗朝臣光吉　臨時、

府勞モ雖入外記勘文、無勅許者難自專、仍任小折紙敍之、見合勘文、入勘文者不書尻付、

従四位下

藤原朝臣公香(八條)　臨時、

藤原朝臣宗秀(難波)

藤原朝臣定氏(烏丸)

藤原朝臣經家(花山院)

源　朝臣(〆定)定宗(堀川)　臨時、

藤原朝臣冬通(鷹司)　臨時、

藤原朝臣公冬(今出川)　臨時、

策勞モ雖入外記勘文、無勅許者難敍之間、任小折紙、〻〻ニモ策ト被注也、

正五位下

藤原朝臣榮光(日野)　院當年御給、

藤原朝臣公景　春宮當年御給、(益仁親王、ノチノ崇光天皇)

藤原朝臣嗣範　策、

國立公文書館所藏寫本（二冊本）

（103オ）

藤原朝臣豊範　策、
藤原朝臣信忠　臨時、
藤原朝臣兼定（花山院）　臨時、
藤原朝臣實峯（三條）　臨時、
平　朝臣時經　臨時、
高階朝臣時茂　臨時、

清原眞人直方　臨時、

從五位上
源　朝臣行康　從下一、
藤原朝臣家氏　臨時、
藤原朝臣實持　臨時、
藤原朝臣嗣兼　臨時、
藤原朝臣具隆　臨時、
三善朝臣維衡　臨時、

（103ウ）

（104オ）

藏人、姓職事申誤之間、追被直了、

從五位下

基宗王　（村上天皇）天暦御後、

藤原朝臣盛季（⌐源）　藏人、

高階朝臣泰治　式部、

小槻宿禰富村　史、

源　朝臣通茂　氏、

藤原朝臣宗氏　（西園寺鐘子）永福門院當年御給、

藤原朝臣通藤　（媖子内親王）陽徳門院當年御給、

安部朝臣國綱　（堀川基子）西華門院當年御給、

源　朝臣師兼　西華門院元徳三年御給、

藤原朝臣教長　（徳大寺忻子）長樂門院當年御給、

藤原朝臣行賢　（延子内親王）延明門院當年御給、

藤原朝臣康忠　（媞子内親王）壽成門院當年御給、

藤原朝臣家明　崇明門院當年御給、

高階朝臣業宗　崇明門院暦應二年御給、

坂上宿禰明茂　（瑛子内親王）章德門院當年御給、

諸院宮ハ雖下姓不敍外階也、

平　朝臣師妙　諸司、

源　朝臣行茂　諸司、

大中臣朝臣泰職　左近、

藤原朝臣敎久　左近、

中原朝臣政繼　外衞、

藤原朝臣賴國　外衞、

（104ウ）

藤原朝臣遠秀　外衞、

藤原朝臣宣方　臨時、

藤原朝臣維敎　臨時、

藤原朝臣（山科）敎繁　臨時、

源　朝臣顯英　臨時、

菅原朝臣長昭　臨時、

源　朝臣長忠　臨時、

小折紙雜文書ニ入加之、

暦應四年正月六日

安部〔倍イ〕朝臣有氏　臨時、

---

史料編纂所所藏原本卷六

（15張）

正親町忠季花園法皇御給タルベキ旨ヲ仰セラル

七日、　終日深雪如盈尺、可謂豐年之嘉瑞歟、珍重〻〻、（×午）巳刻許入眼、其後退出了、

午刻許、關白送狀云、執筆珍重之由被（尤〻）感悅（了、）兼又正四位下藤原忠季可爲法皇御給之由、自　仙洞被

仰下、（昨日）宗光定令申哉、件御給事、法皇勅書今朝到來云〻、執筆事如此蒙仰之條、恐悅候、彼御給事未

無申旨之由返答了、頃之御教書到來、

一條經通御教書

御教書云、

去夜敍位、正四位下藤原忠季可爲　一院御給、可加尻付之由、可令下知給之旨、被仰下候也、

仍言上如件、宗光誠恐謹言、

正月七日　　　　左少弁藤宗光奉

進上　按察大納言殿

通冬下知狀

下知狀案、

去夜敍位、正四位下藤原忠季可爲　一院御給、可加尻付之由、所被仰下也、可被存知之狀如件、

正月七日　　　　按察使（花押）〇通冬

大內記局

參內ス
源盛季ノ敍位簿竝ニ下名ノ失錯ニ就キ仰セアリ
(16張)
白馬節會著陣
內辨ヲ勤仕ス
御弓奏
卯杖外任奏
國栖竝ニ坊家奏ヲ停メラル
(17張)

及晩頭天屬晴、入夜參　內、予束帶、飾劍、有文帶、魚袋、紺地平緖、前駈二人時茂・氏基、召具之、今夜可有出御〻帳簾中、云〻、又可被用晴儀之旨有沙汰、拂」庭上雪、予被召御前、　主上仰云、敍位簿藏人盛季本姓爲源之處、書藤原如何、予申云、任職事申詞載之候了、可直之由可令下知之旨申入之、又件盛季可入兵下名之處、。下名入式部如何、如師右相談、忩可直歟之旨有仰、予申云、此事非參議之失錯候歟、大內記付敍位簿於式・兵之後、書下名之上者、內記之誤候歟、忩可令下知之由申入之、予招師右內〻仰此ホ之趣、位記幷下名內〻被直之條、可宜候哉、召少內記盛宣、仰此趣、只今直候者可及遲〻候之上者、於位記者被下二省後、內〻可直之旨申、可宜之旨仰之、於下名者重資卿密〻直之、其後着陣、奥、平中納言・綾小路宰相同着座、次頭內藏頭隆持朝臣來下官座下、仰內弁事、出御簾中幷停止事ホ不仰之、從予相尋答之、次下官移着端座、令置軾、次召大外記、師右參軾、問諸司、如元日、但問加敍列・御弓奏事、師右云、卯杖モ候之由申之、(×仰云令)又問云、外任奏ヤ候、(×外任奏〻下如六日儀)申候之由、持チ參レ、稱唯退、六位外記持參、入筥、奏下如元日儀、此次仰停止事、國栖一向停止、舞妓停止、外記申代官、宣候ヘ、次予目平中納言、中納言」以下次第起座、出外弁、召官人令撤膝突、次予起座、於立蔀外押笏紙、(×令六位外記)六位外記ニ令押之、(×押之)移着端座時押之、當家執之、於今日被行加敍之間、此次有便歟、所詮兩樣無子細哉、　着靴入中門內、立軒經宜陽殿簷下、廊內、西階下、東面、無揖、內侍一人持下名、出自御帳西程、西行、下簀子敷、居西階簀子上、五位藏人予扶持之、。指笏昇階、

内侍ヨリ下名ヲ受取ル
二省ニ下名ヲ給フ
近衛府陣ヲ引ク
出御アリ
通冬練歩ス
堂上ニ著座ス
開門
敍位ノ宣命ヲ奏ス

(×凡不過兩三)
當時級數不過兩三、仍一兩級程。懸膝、昇 懸右膝取下名、二通、如本踏立本所、東面、拔笏取副下名於笏、右廻、無揖、着宜陽殿▨揖如常、
兀子、土庇北第二間程、予召內豎《チツサワラワ》、二音、其間置三息、當笏於鼻、チツサラト「召也、其聲高、有口傳ホ、」〇「人ホ有口傳」ヲ磨消シタル上ニ記ス、 ミミ參進、予仰云、式《ノリ》ノ省《ツカサ》・兵《ツハモノ》ノ省召せ、(×式)
次式・兵各一人殿上藏人、丞代也、參進、立所已下一向未練也、頗不足諷諫也、次召式《ノリノ》ノ省《ツカサ》、次式部參進、立下(×內
弁)官南程、書下向丞、給下名、其儀、先ミ右手乍持笏、以左手取式部下名給之、然而立予右之間、依無其便、左手ニ持笏、右手ニ取下名給丞代、今案也、丞退。立、次召兵《ツハモノ》ノ省、(×召式)給下名、其儀如
先、次二省退出、予揖起座、出中門下邊、此間諸卿着外弁、左右近引陣、次天皇出御、次予着宜陽殿
兀子、次內侍出如例、次予出軒廊歩出、先刷裝束、於橘樹程練始、先右足、謝座拜、一向乾向、一揖再拜、「又一揖、」(補書)如元日、了練
歸入軒廊、見扇次第、流例也、着堂上兀子、「端座、內弁必着端、次開」〇「內弁端座」ヲ磨消シタル上ニ記ス、門、次闈(闈)司、仰詞以下同
元日、次予下殿、立軒廊、當時一間、有其數之時、言軒廊第一間ニ立也、納內記挿宣命於文杖、進立、予挿笏於左腋、有口傳、但如例宣命見之、
(18張)
以左右手拔取宣命披見、了卷之、手自挿杖烏口、縱、挿紙端、。畢取笏指」腰、如例、笏紙ノ方ヲ爲內也、以左右手執杖、左廻
昇西階北行、經奥座後就簾下、北妻、付內侍奏、「以」(補書)左手授之、聊逆行、拔笏左廻聊退歸立、立直之時、猶左廻東面立、
少時內侍歸出、予忩進寄、指笏取文杖、以左手取宣命幷文杖、內侍出之時、副文与杖也、取右廻下殿、返給杖、取宣
命副笏、着兀子、次。予召內豎、(×內)如先二音、內豎參入、予宣、式ノ省・兵乃省召せ、內豎退、次式部輔代(×進)(時茂)參進予
後、予取宣命入懷、表衣前、挿笏於右尻下、以左右手取筥授、位記筥在大盤上、輔代依爲家人、跪取之、輔代退、兵部同、輔代(氏基)家僕也、丞代置位記

笏於庭中案、輔代退、次予召舍人、二音、少納言代淳〔敦〕有朝臣就版、可就尋常版之處、誤就宣命版云〻、仰云、刀禰《トネ》召せ（×よ）、高太

叙人參列ス

也、次外弁參列、宣、予之支尹《シキキン》、群臣謝座・謝酒、了王卿昇殿着座、以上同元日、次式・兵叙人參列、予取副宣命自懐中取出之、於笏、▨參議源朝臣ト召、重資卿參進、給宣命、其作法、不違例宣命、重資卿歸着本座、次予以下

宣命使宣制

〻殿、列立右仗南頭、胡床一撤之、宣命使着版、宣制二段、群臣再拜、爰兩黄門（宗經・通相）置笏、於地上欲舞踏、平中納(19張)言問予云、可爲舞踏歟、予答云、二拜勿論、例宣命舞踏之由、返答了、」次宣命使歸昇、次諸卿昇殿、次叙人取位記、拜舞退出、其作法不見、次撤位記案、次親族拜、予以下列立右仗南頭、拜舞、各歸昇着本座、次

白馬奏

予起座、立軒廊、南面、左右馬允參進、予先披見左奏、夾（×仍）禮紙於中指与大指見之、二倍ニ加折之、如本卷之、手挿杖、次披見右奏、其作法同前、▨予取兩杖、左・右大將不參之時、內弁挿左杖於左右奏之、爲吉之由有所見、然而正應五年此節會、故內大臣殿取兩杖給、仍今度用（×用）此儀、猶以挿左杖爲吉哉、左廻昇殿、北行東折、經奥座後就簾下、付內侍奏之、件文留御所、予拔笏退、此次下殿、令撤標、於軒廊仰之、復着本座、次白馬渡、次供晴御膳、自東階方供之、次腋御膳、晴御膳、供了之由采女自簾中示之、次予下殿、催臣下昆〔餛〕屯〔飩〕、一

御膳ヲ供ズ

兩居之間、予歸昇着座、參議中箸、御箸下、采女告示之、臣下應之、次羹・御飯、每度每供了采女告之、進物所御厨子所マイリ候▨次（×予下殿催臣下飯汁）進物所・御厨子所マイリ候ヌト采女告之、告之、每度如此、次予揖下殿、催臣下飯・汁、御箸下、臣下應之如

勸盃

前、次供三節御酒、次一獻、供了之由告之、予下殿催臣下一獻、白地起座、每度拔箸不拔匕、其儀如常、流巡、次二獻、同先、臣下

（×其文云）

二獻了、予揖起座、拔箸、出西面妻戸、降西簀子北行、入母屋副障子東行、就簾下、北妻、付內侍奏之、其詞云、大夫君達爾御酒給ハム、磬折申之、

（×內侍歸出）

頗退テ立、內侍進御帳下奏之、歸出之時、予又進寄、內侍動御簾、予微唯、經本路復座、予問平黃門

（20張）

云、座ニハ參議ハ誰カ候フ、返答詞不聞、[予][ ]向奥座、召參議」源朝臣、顧座下示綾小路宰相、相公來

座下、大夫君達爾御酒給ヘ、參議下殿、取交名經簀子、以下作法如例、次綾相公歸座、次三獻了、其儀

同前、舞妓停止之間無奏聞之儀、仍無女樂拜、次着陣、見宣命・見參、其作法如常、給宣命与見參於

外記、〻〻插文杖立小庭、予揖、起座、不於軒廊取宣命見參就簾下文杖昇殿、　奏聞、其儀如初、下殿於軒廊給外

記文杖・宣命ホ、外記取杖退、副拔笏取。宣命・。見參。拔笏入懷復座、次召綾小路宰相、〻〻來予後、給宣命、取副笏昇殿、自左袖下給之、次

自懷中取出見參、給宰相、〻〻取宣命・見參、歸于本座、次予以下〻殿、宣命使着版、宣制一段、群臣

再拜、宣制一段、群臣拜舞、宣命使直着祿所、通用之故也、練歸之時、略曲折揖、如何、次予以下歸于昇堂上、拔匕下殿、取祿

（21張）

居向、御所方、一拜退出了、於中門外放笏紙入帖紙、改沓歸華陣外、于時卯刻」許也、欲及天明、（×卯一點）

今日參議一人參仕、勤兩役、有其例歟、近者去乾元〻年（二カ）白馬節會、故內大[臣]殿內弁御勤仕之時、左

大弁宰相（源）有房、一人參勤兩役宣命・祿所、云〻、彼年又神木動座之年也、

抑今日儀、被懸御帳間・母屋於御簾、此儀弘安五年踏歌以後連綿歟、就中正應五年白馬節會內弁故

內大臣殿于時中納言、御勤仕、彼時西禮也、弘安度土御門相國（源）定實公于時大納言、勤仕、云彼云是佳例

也、微臣雖。爲未練蒙昧之質、如形勤彼役仕之、祝着無極者也、

宣命使宣制

陣外ノ章有邸ニ歸ル

參議一人出仕ノ例

御帳間竝ニ母屋ニ御簾ヲ懸クルハ佳例ナリ

暦應四年正月

「(行間補書)笏紙用出御儀、」

白馬節會散狀

公卿

下官權大納言、按察使也、　平中納言宗經、

中院中納言通相、　綾小路宰相重資卿、

少納言

(平)惟清俄申子細、仍左中將淳〔敦〕有朝臣勤代、

弁

雅顯朝臣　(葉室)長顯

次將

左

敦有朝臣　宗氏朝臣

右

(一條)公富朝臣　(佐々木野)守賢朝臣　定宗朝臣

(22張)

(室町)雅朝〻臣　教言

」

二省輔代
時茂《高階》式部輔代、　氏基《源》兵部輔代、　以上下官前駈也、
同丞代
藤原説房　同親尹
左馬寮
季任（三條）
右馬寮
氏義朝臣（源）
敍列
定宗朝臣兵、　雅顯朝臣式、　宗氏朝臣兵、
今日奉行職事頭內藏頭隆持朝臣也、
*（頭書）「起座之時、每度拔箸、歸着又立之、」
（23張）
（約六行分空白）
（白紙）
（24張）
（25張）
十六日、自夜前雨降、及晝天屬晴、今日爲出仕出京、寄宿官人章有正親町東洞院陣中也、宿所、踏歌節會以前
陣中ノ章有邸ニ寄宿ス
長通任太政大臣拜賀

扈従ニ参向ス

太相國可奏慶、下官依兼日之語、可行向也、可為白晝之由、雖被相觸之、聊有風氣相扶之間、及戌刻着束帯、(飾太刀、有文帯、付魚袋、紺地平緒、)駕毛車、(懸下簾、)車副二人、(無單袴、牛童同、)榻、(牛童持之、)笠持仕丁、退紅仕丁、(持雨皮、)如常、前駈二人(時茂・氏基、)先行、次小雜色二人秉松明先行、如木雜色一人在車後、(取松明、)向本所・(春日西洞院、西禮也、)　於門前下車、昇中門廊、(妻戸南腋立宿申簡、)　寢殿南面西三个間設座、

東上對座、但主人座無對座、▨▨(兩面疊、)疊脇足・硯主人座傍置之、覆御簾、座上幷奥座後懸廻、四尺屏風立廻、(座末妻戸閉之、(×妻戸)(×戸閉)屏風者至此所、)

諸卿著座

綾小路宰相元來在座、(端、)下官加着同座上、少時中院中納言通相卿、着座、(奥、)頃之主人出自座上障子着座、(女房裏簾、)

日時勘申

次奉行家司仲能朝臣(源)覽日時勘文、(挿文杖、)披見了返下之、

馬ヲ牽ク

次自東方牽出馬、(鴾毛、)諸大夫束

(26張)

帯、取松明前行、随身二人引之、(一人束帯、一人布衣、)於庭中向北、暫引立之後、引出西方了、予」前駈可請取之旨兼仰含了、此間主人仰先陣可進之由於仲能朝臣、次公卿起座、(位次人先起座、)降中門外・(頗南行、)列立幔前、(北上西面、)頃之主人進出、(此時引裾、)(地下前駈取松明、)(×歟)至公卿列留立、一揖(遣揖、)過之、下官答揖、(新中納言退入蹲居、宰相乍立磬折、)

参院ス

主人於門前乗車、次第公卿乗車、連軒、予車簾不卷之、前駈二人騎馬前行、次車、(小雜色取松明、以下如例、)如木雜色一人(平禮下括、沓、)取松明在車後、次新中納言車、(衞府長一人召具之、)先参仙洞、

通冬風氣アルニヨリ下車ニ及バズ宿所ニ帰ル

下官風氣猶興盛間、相扶為参節會不及下車、帰于陣家了、聊休息、

追テ参内ス

相國参　内之後、予令参了、

後聞、　仙洞幷春宮御方申次頭内藏頭隆持朝臣、　禁裏申次藏人弁宗光、着陣直弁右少弁長顯、吉書藏人弁云々、

於仙洞被下御馬云〻、

相國下襲、白重、面文如例、但志〻良、裏白、表袴、裏白、

是宿老之作法也、

今日中院中納言召具衞府長之條如何、相國一人召具之上者、〇為召渡彼之儀、〻也而▨〔何又〕可召具哉、追

猶可決眞說也、」

久我通相ノ衞府長ヲ召具スヲ難ズ

太政大臣殿御拜賀散狀

(27張)〇別筆ノ寫ヲ貼繼グ、モト折紙、

(通冬筆)「自本所注出之本、遣洞院前槐(公賢)許了、」

拜賀散狀

公卿

御渡(通冬)　中院中納言殿

綾小路宰相

殿上前駈

堀川中將、定宗朝臣　室町中將、雅朝朝臣

左中弁、雅顯朝臣　烏丸少將、定氏朝臣

權右少弁、長顯　中院少將、定高

暦應四年正月

前兵部權大輔、 伯侍從、

(源)雅方 (白川)業信

式部藏人、

源仲名

地下前駈

(源)仲家朝臣 (源)仲藤朝臣

(源)季能 (源)直國〇以下折裏、

(源)仲繁 (源)長重

(源)業治 (源)仲光

衞府長

下毛野武近

走長

吉里 宗清

豐國 全里」

踏歌節會
内辨長通

(28張)卯刻許、節會被始行、相國着陣奥座、一座、予蒙請益着陣、奥、次奉行職事來仰内弁事、一上勤内弁之時、不仰之、於太政大臣者猶可被仰哉否上古有沙汰歟、今夜御沙汰、何樣令落居哉之由相尋相國之處、正安度被仰之間、彼例云々、(四年正月十六日、源定實)次太政大臣移着端座、此次令押笏紙、當家例也、召官人令置軾、召外

外任奏

記問諸司歟、其詞不聞、奏外任奏、置笏於右膝下、披文、當座端也、其儀如常、返給之後、不結申、。向下官小揖、下官以下起

通冬外辨公卿ヲ勤仕ス

座、参議終不着陣、稱損事不見、出外弁、於床子座前揖遺揖、家例、過之、於立部邊着靴、入幔門着外弁座、次第着座、綾小路宰相着之、次召〻使〇令下式筥、次以召使召外記、問諸司、大舎人候ヤ、侍従列候ヤ、外記申候之由、

密ニ長通ノ練歩ヲ見ル

予宣、令候ヨ、此後予密〻起座、窺見内弁練様、其儀不普通之間、聊注置之、追猶可引勘舊記、出軒廊、於橘木西程練始、頗向南、過中門日花門代、漸折東、於尋常版南程向乾一揖、再拝一揖之後、向北向御

外辨公卿参入ス

殿、練歸、一丈許歟、經右仗後之間練留、次召舎人、利字高、外弁参列、(補書)「異位重行、」内弁宣、之支尹、予以下再拝、謝座拝也、次造酒正代内豎、〇持空盞趁來、予相跪置笏(×次)、取空盞不取花垸、一拝(×揖)、乍龜居、立二拝、諸卿同、其後見遺軒廊方、

(29張)

又造酒正來、予相跪給空盞、次」取笏、一揖立、次次第揖離列、昇堂上着兀子、予着端座、内弁次、平中納言・中院中納言ホ着奥、中納言着床子、凡御所狭之上、平中納言着末兀子、仍着床子也、臣下餛飩仰参議催之、申上箸下、飯・汁物已下如例、内弁仰毎度令遲〻之間、予密〻申驚内弁了、一・二獻了、御酒勅使綾小路宰相依無出御、無

勸盃長通病ニヨリ早出ス續内辨通冬

奏請之儀、三獻了後、内弁有歡樂之氣、下官可懃仕之由被示、内弁云、笏紙令用意歟、予云、雖令隨身笏紙已爲終頭間、以扇次第可奉行之由返答了、新中院中納言先下殿、次相國揖起座退出、其後中院中

坊家奏

納言歸着、次下官(×舞 岐)下殿、於軒廊披見坊家奏、踏歌圖也、次將教言令持將監、進軒廊、披見之儀、同白馬奏ホ儀、次進弓場、次將相從、將監持奏、於弓場頭中將隆職(鷲尾)朝臣出逢、予指笏取坊家圖、次將教言傳之、獻職

踏歌

事、〻〻曰、件奏留御所候哉、若爲兩説歟、予云、無其儀、只留御所也、予卽歸昇着兀子、此時於軒廊令撤版・標、次舞岐〔妓〕三匝

(30張)

後退入、次予已下〻殿、右仗南頭、諸卿拜舞、予不立此拜、直着陣、」爲見宣命也、其子細示于平中納言、仍平中

宣命竝ニ見參ヲ奏ス

納言已下拜舞、予令持宣命・見參於外記、進弓場奏聞、返給、令持外記、進軒廊、於此所取宣命見參（宣命・）

宣命使宣制

着兀子、召綾小路宰相給宣命、次自懷中取出見參同給之、其作法如例、次宣命拜、予以下〻殿、宣制、

三節會ノ內辨ヲ勤仕スルヲ歡ブ

兩段再拜、如常、參議（直）。着祿所、。（予已下）不及堂上、取祿一拜退出、辰刻許也、今日內弁不慮懃仕令祝着也、

今年元日・白馬予懃仕之、今日又（×內）續內弁、大略三節勤之、祝着自愛無極者也、

予懃仕度數

（×去年踏歌節會今年元日白馬）（暦應三年正月十六日）
任大臣節會內弁兩度、去年踏歌內弁、都合至今年相當六（×六）度、可謂幸運哉、
（暦應三年七月十九日、良基任內大臣、同年十二月二十七日、長通任太政大臣）

仁和寺ニ歸ル

十七日、早旦歸于仁和寺、於家君御前昨日儀語申入了、

（約三行分空白）

上皇ヨリ通顯ニ仰アリ

廿日、自仙洞被進　勅書於入道殿、御幸始通冬供奉事也、卽被申領狀了、敍位執筆事、有叡感、可自愛欤、」

(31張)○三十一張・三十二張、正文ヲ貼繼グ、

光嚴上皇自筆書狀

（端裏書）
「勅　暦應三、正、廿」

（端裏切封墨引）

新春慶（×之）賀、追日重疊、於今者雖事舊候、猶〻幸甚、此春相構早〻遂面謁、猶吉事共をも申承候はゝ

敍位執筆ニ就キ叡感アリ
御幸始ニ供奉スベシ

(32張)やと覺候、通冬卿每〻事粉骨、殊神妙覺候、就中」敍位執筆早速懃仕、頗可謂幸運候歟、尻付之躰なとも神妙見及候し、返〻目出思給候、兼又廿八日御幸始供奉事、相構〻〻何とも被沙汰立候へかしと覺候、例定無ホ閑事歟とは返〻察申候へとも、相構〻〻猶可被相勵候、舊冬なとも承旨候之間、今度者如法相憑候つ、大納言已後供奉近比邂逅に成候、頗無念候、今度供奉候はゝ殆爲御幸も殊可爲本意候、其分又定被存事候歟、相構〻〻必〻可被沙汰立候哉、如法又遣愚意候也、比興候、事〻期面候、」

(33張)「(端裏、別筆)曆應四年正月」

政始未ダ著廳セザルモ上卿勤仕ヲ了承ス

廿二日、庚午、天晴、今日政始也、予參衙事、度〻蒙催之間、未着廳之由雖令申入之、再三被仰下之間、申領狀了、初參政之時、可刷行粧、然而旁有難治之子細、不及其沙汰、上召不參晴政之以前者、如請印政更不參行事也、於上古者、先有着廳之儀、近代晴政令參衙、令通用歟、(〻也)如法守刻限、可參衙之由相觸了、奉行職事頭內藏頭隆持朝臣也、予於中御門大宮菅三位(菅原)前左大弁三位、在登卿宿所出立、着束帶、蒔繪大刀、無文帶、紺地平緒、相具深沓、

菅原在登邸ヨリ出立ス
左衞門陣ニ著ス

予步行入待賢門南扉以此門爲陽明門代、官東門(廳)、着左衞門陣座、東廊北面也▨爲其所、對座東上西上兩樣也、今日西上、綾小路宰相同着座、召〻使、二音、問座事具否、稱唯退、歸來申具之由、予又召〻使問時、其詞、時申、ツルカ召使不分明、未練之至也、近年無沙汰云〻、太不可然事也、次召〻使仰云、戶引、召使歸來申戶引之由、予揖

外記廳ニ參ル

起座、居向座端方、着沓、着沓、又揖、經正廳後、入外記門代、於小屋委儀注指圖、○後ニ揭グ、着深沓、前駈令着之、召使同相綺、進南、綾

已次卿与上卿立合揖(×立)之時、立程遙ニ隔也、　以西廳爲其所、

小路宰相入外記門、立庭中、予進南之後揖、已次卿有答揖、已次南面立、右廻着廳、入中戸、南第三間、東面、揖着倚子、自座下着之、綾

(34張)

小路宰相入同戸着廳、北第二間、東面、(×也)參議可入北戸之處、近日狼藉之輩如此」排放取之間、依彼怖畏、

南北戸打付之、仍以中戸許爲出入路、不可足例哉、予着座之後、召使來予後云、六位外記・史申深履

障候之由、免許了、不着深履時、如此申欤、次少納言惟清、弁左中弁雅顯朝臣、列立庭中版位、南上西面、(×次)六位列立其後、

列立了予宣、女爪、其詞不聞、同音稱唯了、外記・史亦同音稱唯、高聲、一〻着床子、弁・少納言着北第二間、

申文

西上南面、立列之時、雖四位弁在少納言下、着座之時弁先着、外記・史着申文床子、寄北壁西上南面、立之、次雅顯朝臣摩靴申云、司〻ノ申セル政申給フト

申寸、但其詞不聞、上卿無答、(×乍居予)次第一史起座、床子前、指笏、披文讀申、高聲、詞了史候氣色、予見遣史方、

仰云、ヨシ、其音不聞、舊儀令史聞欤、弁・少納言乍居同音稱唯、微、次史稱唯、次第二史讀申儀如初、上宣同前、次第三

史讀申、作法同前、上宣、給ヘ、(×但兩度)弁・少納言・外記・史稱唯如初也、(×無)次六位自下﨟起座退出、次弁・少納

言退出、讀申文之音皆有曲折、多口傳欤、次請印儀、少納言着床子、次外記利顯(中原)、捧筥參進、屈行置予

請印

請印案置上卿座間程、

前机上(×下)、此間史生一人捧印櫃相從、卽置案上、外記退着床子、南第二間庇、經柱北、此間次予挿笏於右尻下、假令右手

(35張)

ニ持タル笏ヲ其マヽニテ、笏ノ上ヲ尻ニシカシムル也、引寄筥、以右人指〻引寄也、見枚文、件文躰枚〻ヲ閉重、奥方自中二倍折天置之、以右手披見、」如本帖之了、鐵尺ヲ上ノ重シニ置之間、次推遣

如元置之、

筥以左右手推之、後、見遣外記方、取笏、六位外記利顯取筥退之時、指笏而左鰭袖ヲ指加之、太見苦之躰也、外記起床子進寄、取筥退立印机下、召史生、〻〻進來、史生取文、

置案上、外記授筥之後、拔笏立、以鐵尺置其上退立、申云、奏文若干枚ニ印捺須、予宣、判《サ》せ、史生稱唯、就案下捺印了、退申云、印判ス、予先見遣少納言方、仰云、給ヘ、次史生入文於筥、授外記、〻〻指笏取之立、史生納印捧櫃退去、次外記退、次少納言退、次予・▨▨相公揖、一度起座、自下﨟出、予列立參議已下列立之程令見了、召使出立儀、上▨出當外記門代少納言列東上南面、立、外記・史南上東面、參議遙進東立、西面、弁依爲四位不立列、而少納言以弁侍相尋欤、予出外記門、向少納言揖、答揖、次聊向外記・史方揖、各答了、弁・少納言揖ヨリハ淺揖也、次向參議揖、弁・少納言ヨリハ深揖、答揖、予不進寄揖、其程遙隔也、弁少納言列程ニ立ナカラ皆揖、是定事也、

**南所ニ參ル**

次相公東行入侍從所也、南所是門代、予同東行入門揖、東方立、西面、相公於西方改着淺履、於沓脫下揖、着座揖、綾小路宰相同着、以朝所爲南所、當時無板敷之間、置打板、每事簡略之躰也、予・相公西上北面、弁・少納言南上西面也、

**申文**

次史持申文、(高橋)俊春、挿文杖、參進、予於外記廳者、南所、顧左、於此所者右肩有便欤、今案也、顧右(×左)肩目史、〻趁來予座程、着之予居向座上、以左右手拔取之、暫持前、或置座前、但當家以持令賞、史座定」程也、次置前披見之、其儀、先披表紙、以右手展紙右端上下、此間以左手抑文、次以右手攬遣文三通於右方、鉤文二通、馬料一通、以左手展紙左端上下、此間以右手抑文、一〻見文、先見本解狀、次見右狀及望請所、次見年月日幷人名、次見續文、隨見了、置禮紙左、以左手抑文、以右手引取表紙、引展之時、令有聲、置座端、史持杖趁來、不放手、故實也、一〻下文、小披見之、史取之候氣色、結申之儀如常、三通皆結申、史退出、次予居直立箸、次第立箸、次居汁物、相公申箸、次

**勸盃**

箸下、▨▨▨次少納言起座、取盃進予座上、勸盃、予受盃、少納言依爲五位取續酌、次第流巡、弁・少納言起座、同

〇三十七張奥ヨリ記サレタル指圖ヲ適宜此処ニ収ム、

（38張）

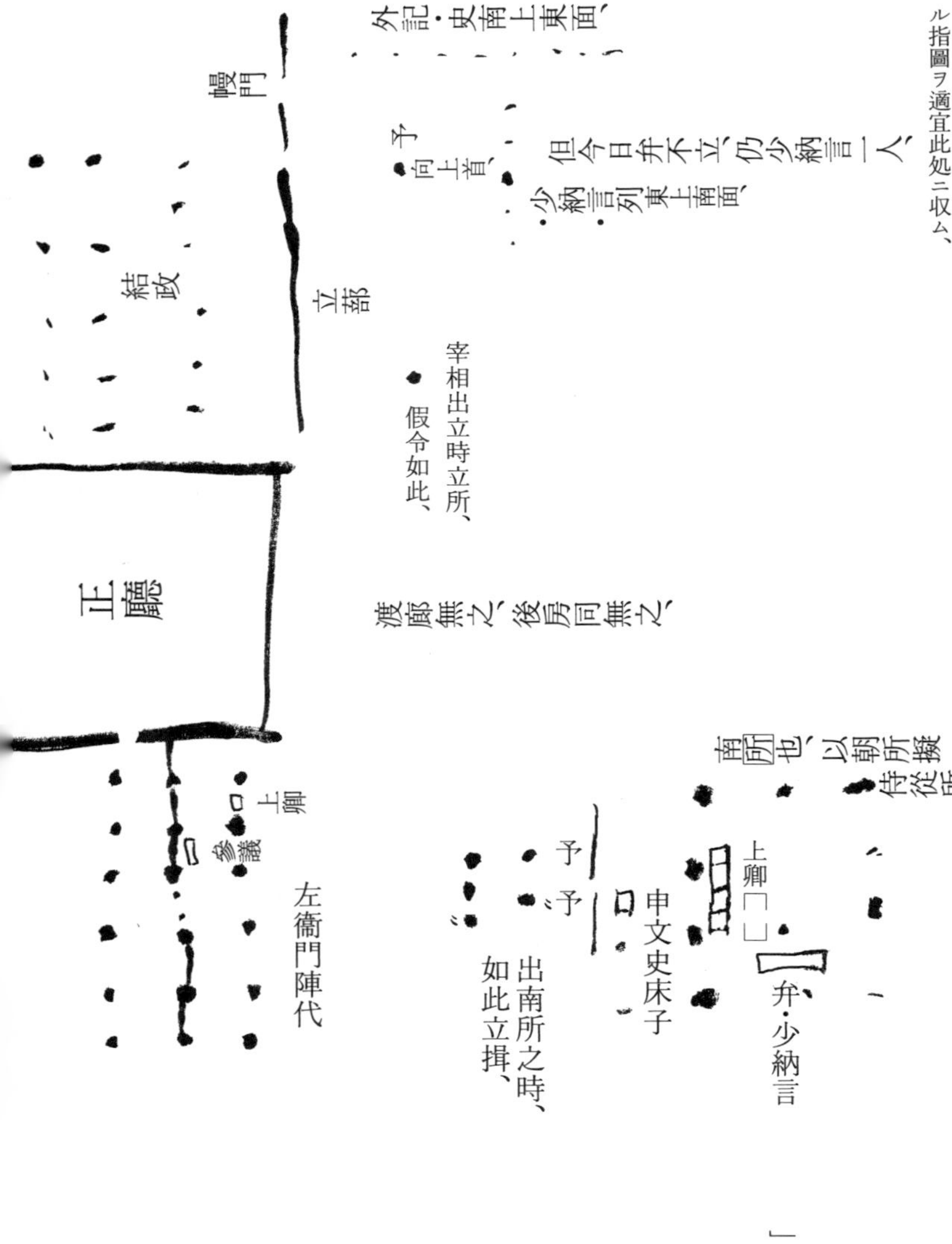

結政座▨

西廊北面大弁北上東面、中・少弁西上對座、史北上西面、少納言・外記同廊南面、西上北面、

匡遠兼日注進如此、今日不見及之間不記、

大弁不參也、結政ニハ上卿不着之故也、

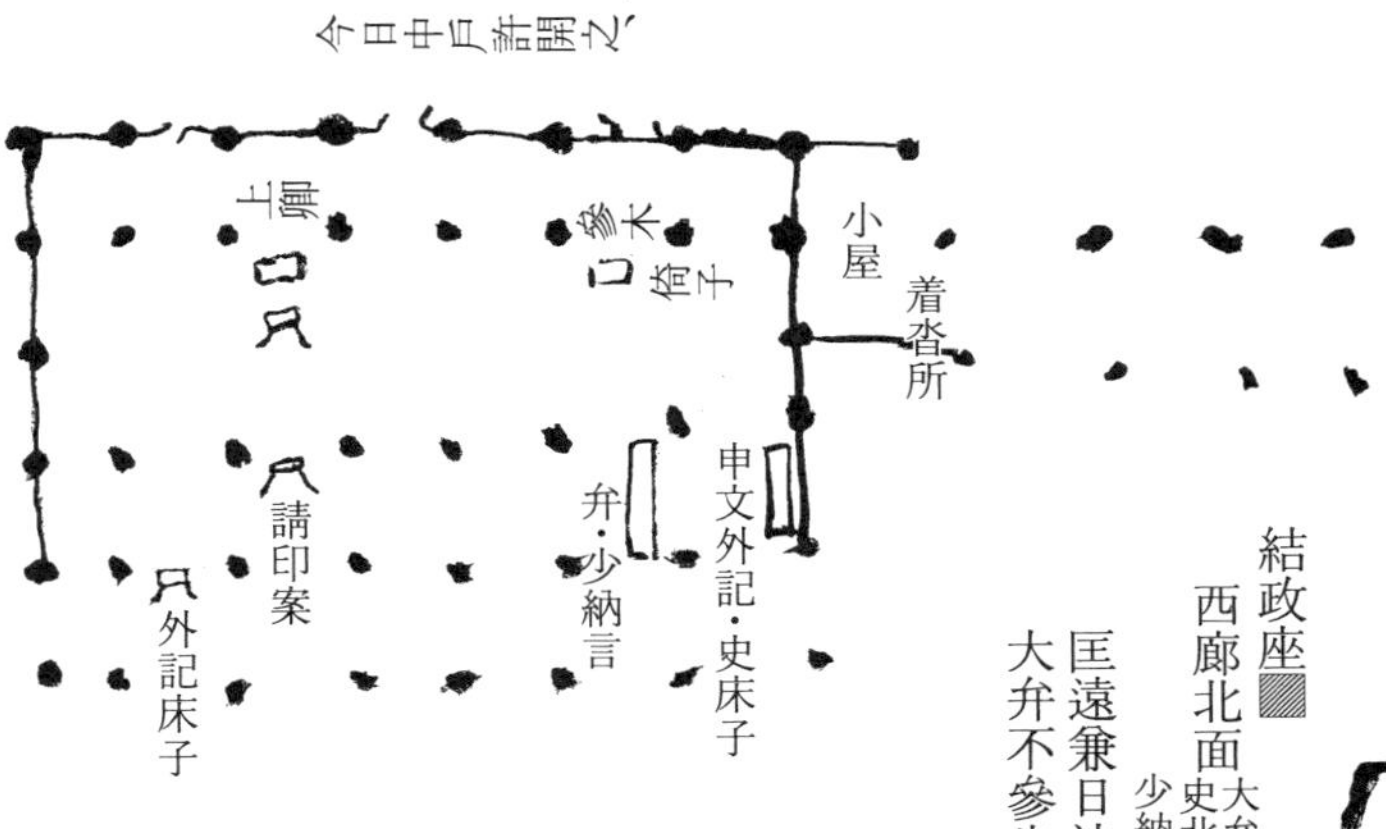


庭中立版

弁・少納言列立此所、

外記廳 以西廳爲其所、

上卿南第三間、東面、參議北第二間、弁・少納言北第二間、出柱半、西上南面、

外記南第二間、庇、請印案、上卿座間、

南

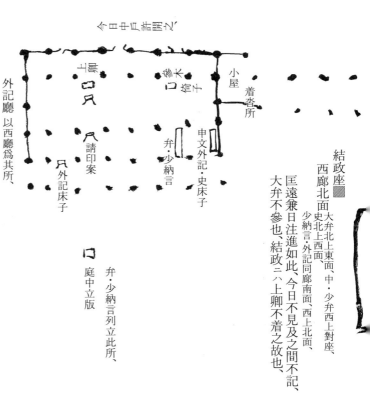

陽明門出立

時揖、次予已下揖起座、弁・少納言出立侍從所門前、西上北面、予揖弁・少納言、出官東門、以待賢門爲陽明門代、綾小路宰相、弁・少納言・五位六位外記・史૰各雁列、東上東面、左兵衞府小門程ニ當留立歟、准其程已次卿已下留立、予猶歩過、至陽明門代幔南端、立向于綾小路宰相揖、出南扉退出、委細猶可載指圖、

尋デ參內シ陣座ニ著ス

次參　內、經床子座前、着左仗奧座、宰相不參、次予移着端座、次仰官人令置軾、次左中弁雅顯朝臣着座、

申文

史持申文進出、此間（弁予氣色予目候）弁申曰、申文、其音微也、揖テ起《ヲキ》サマニマウシフント申、左顧起座也史方ヲ見遣也、予目了、。史持文杖趍出、候小庭、予目、。着軾進文、予置笏於右、抜取文、史揖」（37張）後置文、先披表紙、卷紙、推遣文於右方、毎見了置左、次引取上紙、置座端、史盛宣、取之置前、地上、次予一〻披見、給史、次史結申、鎰文二通ハ申給へ、馬料一通ハ小揖、次史退出、此間予取笏、次弁退出、次召官人令撤軾、次予退出、匡遠（壬生）參陣、無爲目出之由申之、予相當初參、令自愛之由返答了、師右者不及參陣、▨

父祖ノ記錄ヲ參看ス

抑今日政始、下官爲初參、未練有若亡之質、失錯定繁多歟、令恐怖者也、以中院殿政抄弁故大納言殿通方（中院）、御抄・永仁故內大臣殿御記૰見合之（×了）、今度儀、假令外記廳依令顚倒、以官廳被擬其所、建保二年四月廿一日指圖相殘之間、以彼૰加了見了、頗准之指南事（×之）૰在之歟、可恥〻〻、於政者時刻定者也、仍。殊守刻限可參衙之旨、申遣職事頭中將隆持朝臣許了、今日令祗候　禁裏歟、外記政刻限自三月至七月、辰三刻、自九月至正月、巳三刻、二・八月巳一刻、　○三十七張奧ヨリ三十八張ニ指圖アリ、適宜一八六頁・一八七頁ニ揭グ、

# （東京大學史料編纂所所藏中院一品記卷六紙背文書）

(1ウ)
亞相事、（暦應三年十二月二十七日、通冬任權大納言）云御內擧云御理運、旁雖不可有豫儀候、　皇恩之至、尤珍重〻〻候、御心中併察存候、恐〻
謹言、

（暦應三年）十二月廿八日　　經通（一條） 

（中院通顯、通冬父）三條坊門殿

○十二張紙背ノ墨映アリ、「珍重」ノ上ニ「季春」ト記サレタル紙片付着ス、日記本文カラ剝離シタルモノカ、

---

(2ウ)
御昇進事、（暦應三年十二月二十七日、通冬任權大納言）御理運雖不可有子細、　勅許無相違候之條、　朝奬之至、定御自愛不少候歟、承悅之間、
令翰墨候、謹言、

（暦應三年）十二月廿八日　　經通（一條） 

（通冬）按察大納言殿

○三張紙背ノ墨映アリ、

---

(3ウ)
（暦應三年十二月二十七日、通冬任權大納言）
御慶賀事、雖不可驚申候、忽稟累門之跡、今亞三台之任給條、　朝奬定御自愛候歟、不能抃悅參賀之間、且捧短章候、恐惶謹言、

（暦應三年）
十二月廿八日　　左衛門督實（洞院）□（夏）

○二張紙背ノ墨映アリ、

(4ウ)
（暦應三年十二月二十七日、通冬任權大納言）
御慶賀事、雖不可驚申、忽遇　明王之聖化、令浴亞相之重職給、雖知理運之有謂、豈非採用之無私乎、承悅之餘、不堪感緒所染短筆也、仍執達如件、

（暦應三年）
十二月廿九日　　權大納言公淸（德大寺）

○十六張紙背ノ墨映アリ、

(5ウ)
元日可有御着陣之由、跪奉候訖、早可加下知候、師右（中原）誠恐頓首謹言、

（暦應三年）
十二月廿九日　　大外記中原師右奉

○十五張紙背ノ墨映アリ、通冬任權大納言ノ著陣ヲ遂グル事、暦應四年正月一日條ニ見ユ、

(6ウ)
元日御着陣申文事、謹奉候了、尤可存知候之處、

仙洞（光嚴上皇）・禁裏（光明天皇）御藥可計會候、可被仰他人候哉、宗光（柳原）誠恐謹言、

十二月廿九日（暦應三年）　　左少辨藤原宗光上

○墨映アリ、通冬任權大納言ノ著陣ヲ遂グル事、暦應四年正月一日條ニ見ユ、

---

（7ウ）

今日可有御着陣之由謹奉候畢、任例早可致其沙汰候、匡遠（壬生）誠惶誠恐謹言、

正月一日（暦應四年）　　左大史小槻匡遠

○通冬任權大納言ノ著陣ヲ遂グル事、暦應四年正月一日條ニ見ユ、

---

（8ウ）

新年御慶最前申籠候了、猶〻幸甚〻〻、不可有盡期候、

抑御轉任事（暦應三年十二月二十七日、通冬任權大納言）、雖不可驚申入、朝奬之至、定御自愛候歟、旁早可參賀言上候也、誠恐謹言、

正月六日（暦應四年）　　基成（園）上

進上之、

---

（10ウ）

改年御慶最前申籠候了、近日重□（疊カ）更不可有盡期、早可參賀言上候、

（9ウ）

抑彼御轉任事（暦應三年十二月二十七日、通冬任權大納言）、雖不可驚存、皇恩之至、定御自愛候歟、返〻珍重承悅仕候、旁早可參賀仕」候也、千

万期其刻候、基成誠恐謹言、

（暦應四年）正月六日　基成上

人々御中

〇十張紙背ニ九張紙背ノ、九張紙背ニ十張紙背ノ墨映アリ、

---

（12ウ）祝言漸雖事舊□日新重疊、不可有盡期候歟、幸甚々々、

抑舊冬任相國（暦應三年十二月二十七日、久我長通）節會、俄大概注給候哉、代々任槐注置候、仍大切之間令申候、今年　仙洞御藥・三節

（11ウ）已下儀も雖不審候、其は追可申候、節會之儀」早速注預候哉、恐悦候、謹言、

（暦應四年）正月三日　〇洞院公賢

（切封墨引）

〇十二張紙背ニ一張紙背ノ墨映アリ、十一張紙背ニ墨映アリ、

---

（14ウ）加級事、（暦應四年正月六日、甘露寺藤長敍從四位上）春瑞布德之始、　天賜遂行之慶、恭悦相□未知謝故也、今賀氣更增光榮者也、早可令參謝

（13ウ）候、」（甘露寺）藤長恐惶謹言、

（暦應四年）正月九日　藤長上

○十四張紙背ニ十三張紙背ノ、十三張紙背ニ十四張紙背ノ墨映アリ、十三張紙背奥下端ノ繼目ニ「合」字アリ、

(16ウ)(暦應三年十二月二十七日、通冬任權大納言)御轉任事、雖不可驚申、相叶年始祝言候之條、定御自愛候歟、最前可申之由存候之處、自窮冬聊無(15ウ)心隙子細候つ、仍于今遲ゝ、相似懈怠候之條、背本意候、」節會內辨・敍位執筆以下每度無爲御勤仕、殊以承悅候、心事千万難盡紙上候、併期面拜候也、恐ゝ謹言、

(暦應四年)正月十二日　(三條)實忠

按察大納言殿

○十六張紙背ニ八張紙背ノ、十五張紙背ニ四張紙背ノ墨映アリ、通冬節會內辨ヲ勤仕スル事、暦應四年正月一日・七日條ニ、敍位執筆ヲ勤仕スル事、同六日條ニ見ユ、

(18ウ)祝言ホ最前雖申籠候、迎三陽之節、吉兆ホ弥重疊、更不可有盡期候歟、今春相構遂面拜、可啓之由存候也、

(17ウ)(暦應三年十二月二十七日、通冬任權大納言)抑彼御轉任事、相叶年始之祝言候之條、御自愛察申候、最前可」申候之處、自月迫之比、忘他事子細候つ、其次第追可申候、御拜賀以下卒爾儀、察申候、又內弁(×公)弁敍位執筆以下連續、無爲御懃承悅之外無他候、是ホ次第于今不申候之條、眞實慮外、爲辨其恐、故令啓候、他事期後信候、恐惶謹言、

(暦應四年)正月十二日　實忠

○十八張紙背ニ十七張紙背ノ、十七張紙背ニ十八張紙背ノ墨映アリ、通冬節會內辨ヲ勤仕スル事、曆應四年正月一日・七日條ニ、敍位執筆ヲ勤仕スル事、同六日條ニ見ユ、

（切封墨引）

---

（20ウ）
三節無爲御出仕候欤、感悅申候、大概必可注給候、太相國（久我長通）拜賀儀不審候、本所幷仙洞儀幷扈從已下
人々委可注給候、如此文書被書事候、欲納置候、三節已前先此事必可注預候也、申狀頗無心候欤、
（19ウ）
然而「　　」可恐悅候、他事期後信候、謹言、

（曆應四年）正月十八日　　○洞院公賢

（切封墨引）

---

○二十張紙背ニ十九張紙背ノ、十九張紙背ニ二十張紙背ノ墨映アリ、通冬三節會出仕ノ事、曆應四年正月一日・七日・十六日條ニ、久我長通任太政大臣ノ拜賀ヲ遂グル事、同十六日條ニ見ユ、

---

（21ウ）
（曆應三年十二月二十七日、通冬任權大納言）御昇進事、雖非可驚申候、朝奬之至、定御自愛候欤、承悅間、染筆候、恐々謹言、

（曆應三年）十二月廿八日　實尹（今出川）

（通冬）新大納言殿

---

（24ウ）
（曆應三年十二月二十七日、通冬任權大納言）御慶賀事、

右亞相、王者喉舌之官也、政機輻湊之最也、上以名才擢之、下以器能稟之、獻替適其任、薦擧尤公義
（23ウ）矣、一朝之光華也、累門之顯榮」也、不堪感落、且奉褒章耳、早可令參賀、仍言上如件、藤長恐惶謹言、

（暦應三年）十二月廿九日　　藤長上

進上　新大納言殿

○二十四張紙背ニ二十三張紙背ノ、二十三張紙背ニ二十四張紙背ノ墨映アリ、

---

（26ウ）迎青陽之節、誇玄澤之恩、自他誠幸甚〻〻、
（25ウ）抑父子（暦應三年十二月二十七日、久我長通任太政大臣、息通相任權中納言）同時之採擇眉目之至、自愛餘身候之處、大納言殿（暦應三年十二月二十七日、通冬任權大納言）御昇進、一家之」榮昌當此時、萬端悅豫在今春歟、拜賀來十六日節會以前可　奏之由存候、可被御覽伴之條、返〻悅思給候、且昨日光臨候き、席門之眉目、槐府光華候、每事期面謁候、恐〻謹言、

（暦應四年）正月三日　　（○久我長通）

○二十五張紙背ニ墨映アリ、久我長通任太政大臣ノ拜賀ヲ遂グル事、暦應四年正月十六日條ニ、通冬長通邸ニ赴キシ事、同月二日條ニ見ユ、

---

○二十八張紙背ハ、相剝ギニヨリ墨痕ノミ見ユ、今此處ニ剝ギ取ラレタル文書ノ寫ヲ貼込ム、姑ク之ヲ揭グ、

來十六日可申拜賀候、被御覽伴候哉、然者殊可爲本懷候、謹言、

（暦應四年）正月五日　　○花押影、久我長通

按察大納言殿

○久我長通任太政大臣ノ拜賀ヲ遂グル事、暦應四年正月十六日條ニ見ユ、

---

拜賀散狀進之候也、

（30ウ）拜賀無爲無事、誠爲悦候、今度被御覽訪候之條、偏諸行粧之褒美候畢、尙〻悦豫不少候、内弁事令
（29ウ）与奪申候、尤目出大臣」候、勤仕之後、相續御奉行、御本望候欤、今度兼　宣旨儀、委細早可注進候、禁裏中次藏人弁宗光、仙洞幷春宮（益仁親王、ノチノ崇光天皇）•（×東）御方頭內藏頭（四條隆持）候き、着陣直弁權右少弁長顯（葉室）、古書藏人弁候、凡委細追可注進候也、謹言、

（暦應四年）正月十九日　　○久我長通

○三十張紙背ニ三十一張紙背ノ、二十九張紙背ニ三十張紙背ノ墨映アリ、久我長通任太政大臣ノ拜賀ヲ遂グル事、竝ニ踏歌節會内辨與奪ノ事、暦應四年正月十六日條ニ見ユ、

---

（35ウ）改年御慶於今者雖事舊候、近日重疊不可有盡期候、
（34ウ）抑水干・鞍・具足事承候訖、皆」具令所持候しを、先年鬪乱之時、預置他所候之刻、悉紛失候了、尤恐恨候、且昨日帥卿（三條公秀カ）雖借請候、其趣返答候き、併可參謝候、誠恐謹言、

正月廿二日　　　　　　實尹

追啓、

昨日聊他行事候之間、卽不獻愚報、恐存候、只今自是欲申入候之處、預御使候、恐悦候、

（36ウ）
「大納言着陣申文」（別筆）

暦應四年正月一日陣申文、左少弁、（宗光）

加賀國司申請被給鉤匙開検不動倉事、奏、

美作國司申請被給鉤匙開検不動倉事、奏、

右大史高橋景職申請馬料韓櫃捌合事、奏、

隼人正兼右少史春宮大屬中原康隆

○通冬任權大納言ノ著陣ヲ遂グル事、暦應四年正月一日條ニ見ユ、

（37ウ）
「人々御中　　　　爲定」（封紙ウハ書）（御子左）

（38ウ）
○前紙闕ク、

不思寄之物候、爲之如何、春宮權大夫（洞院實夏カ）所持紅葉鞍尋常之物候、可被仰候歟如何、將又可爲御共人料者、隨重仰可進之候、但鐙左道不可說之躰候也、事〻期後信候、恐〻謹言、

正月廿四日

（ウハ書）
「（切封墨引）　□」

（大和文華館所蔵中院一品記斷簡紙背文書）

（2ウ）吉慶雖事舊候、自他如所存祝着、更不可有盡期候歟、幸甚〳〵、連〳〵彼御出仕承悅不少候、御纏頭併察申候、敍位儀楚忽御執筆、尤珍重〳〵候、悅目候、御心中乍恐察申候者也、縣召除目不可候之（1ウ）由、其聞候歟、但可依」神木歸坐刻限候歟之由存候、小除目は可候之旨承候也、十六日又不可有子細候歟、太相（久我長通）拜賀白晝にて候はゝ察申候へ、心事併期後信候、恐〳〵謹言、

（曆應四年）正月十二日　　（洞院）公賢

（切封墨引）

○二張紙背・一張紙背ノ繼目ニ「合」字アリ、通冬敍位執筆ヲ勤仕スル事、曆應四年正月六日條ニ、久我長通任太政大臣ノ拜賀ヲ遂グル事、同月十六日條ニ、春日社神木入京ノ事、曆應三年十二月十九日條ニ見ユ、

# (神田喜一郎氏舊藏中院一品記斷簡紙背文書)

〇本文書ハ、暦應四年正月六日條末尾二紙ノ紙背ナリ、現藏先不明ニヨリ、東京大學史料編纂所所藏臺紙付寫眞(七七八架九六四四號)ヨリ翻刻ス、

(2ウ)祝言雖事舊候、日新重疊、不可有盡期候歟、幸甚ゝゝ、連日御懃節、報國御忠貞、感悅不少候、十六日一日又安平御事候歟、

(1ウ)抑任相國(暦應三年十二月二十七日、久我長通)儀、一紙注賜候了、頗散蒙鬱候、恐悅候、」宣命草は感得候也、兼又敍位儀、初度御懃仕無餘日候之處、尻付ホ尤珍重悅目候、其子細可申之旨、乍挿心底、懈怠送日(×遅ゝ)候、恐恨候、他事期後信候、謹言、

正月(暦應四年)十二日

〇洞院公賢

〇通冬敍位執筆ヲ勤仕スル事、暦應四年正月六日條ニ見ユ、

通冬本年二十八歳、従二位、権大納言、按察使、正月五日叙正二位

○康永元年春夏記ハ、東京大學史料編纂所所藏原本巻七、京都大學總合博物館所藏斷簡(中院文書五〇一號・四九九號・五〇三號)、國立公文書館所藏康永改元記、同所藏法勝寺囘祿注進狀、竝ニ京都大學附屬圖書館所藏寫本ノ内、及ビ同館所藏中院通冬記裏書文書ノ内ヲ以テ底本トス、又京都大學附屬圖書館所藏寫本(符號㋖)ノ内ヲ以テ補フ、

史料編纂所所藏原本巻七

(後補表紙見返)
「御記目六

三節幷敍位、但無御出仕、　西芳寺御幸事、

法勝寺囘祿、　縣召除目事、

移徙事、〔私徙〕　改元定事、

開闕解陳、〔陣〕(×除目)　久我八講事、

六條殿御幸事、　此外少〻事ホ在之、」

(1張)
(端裏打付書、別筆)
「曆應五年」

曆應五年　康永元年

正月

一日、天陰、小雪時〻降、萬福幸甚〻〻、

康永元年正月

康永元年正月

敍位執筆勤仕ヲ仰セラル
難治ノ旨ヲ申ス
元日節會

敍位執筆事、隆持(四條)朝臣以狀雖相催之、有難治故障、若構得者可存知之旨申之了(〆了)、後聞、今日節會內弁花山院大納言長定卿、勤仕云々、院(光嚴上皇)御藥陪膳同亞相云々、

敍位
執筆花山院長定
西園寺公重執筆勤仕ヲ望ム

〔五日、今夜敍位議也、執筆依三公(九條道教・鷹司師平・二條良基)之故障、花山院大納言長定卿、勤仕云々、予昨日可構參由、雖申之、領狀之仁出來之旨返答了、入眼上卿侍從中納言、隆蔭(油小路)卿、參議松殿宰相中將、忠冬卿、後聞、今夜執筆、竹林院(西園寺公重)大納言爲花山亞相上首欲參懃、而竹林院已役之間、直內々乞請云々、

崇明門院當年給申文

(2張)今日崇明門院(禖子內親王)當年「御(補書)」給御申文持來、裹懸紙」如例令封之(曆應二年正月五日)、其上書片名、通、下官依爲別當加封、先例也、廳官可持參之處、無其儀間、不審之由問答之間、副年預資顯(安倍)持來之間、出之了、廳官於彼御所有公事ホ奉行事、仍獻上之、代官▨▨遁申也、

崇明門院

正六位上藤原朝臣基輔

望榮爵、

右、當年御給爵所請如件、

曆應五年正月五日

當年給別當不書位署、未給申文ニハ別位署加之、當年給ニ加署之條、粗有例歟、

敍位聞書到來ス
正二位ニ敍セラル

「六日、天晴、去夜聞書到來、下官敍正二位、相當年始令祝着、今度不出詞之處、遮御沙汰、殊自愛者也、」

白馬節會
參仕ノ人々

(3張)
「七日、白馬節會、下官依故障多之、今春未及出仕者也、

公卿

左大臣道教公、内弁、　竹林院大納言公重卿、外弁上、續内弁云々、　春宮大夫(今出川)實尹卿、

勸修寺大納言經顯卿、　別當(柳原)資明卿、　侍從中納言隆蔭卿、

葉室中納言長光卿、敍位宣命使云々、　中院中納言(久我)通相卿、　春宮權大夫(洞院)實夏卿、

松殿宰相中將忠冬卿、　綾小路宰相(庭田)重資卿、ホ云々、

敍列

式　侍從中納言　中院中納言　春宮權大夫　松殿宰相中將

四位・五位ホ不立云々、

兵　(室町)雅朝々臣許云々、

後聞、勸修寺大納言・別當ホ雖參內、節會以前退出云々、別當不立敍列。如何、早出、

親族拜以後、內弁早出、竹林院懃仕云々、

後七日御修法
密々內裏並ニ院ニ參ル
父通顯ト共ニ康仁親王御所北小路殿ニ參ル
一條經通邸ニ參ル
公事作法ニ就キ談ズ
明日經通息元服アリ

八日、後七日法、自今日始行、菩提新僧正寛惠（通冬叔父）令勤仕給、

（約四行分空白）

（4張）九日、陰晴不定、雨雪時々降、今日內々着直衣參　禁裏（光明天皇）幷仙洞、家君（中院通顯、通冬父）密々御參北小路宮（康仁親王）御所、崇明門院御同宿也、予同參彼御所、予向關白（一條）第、經通公、頃（×卽）之對面、烏帽子直衣、下結、於寢殿腋方出合、予申云、加級事不出詞之處、御沙汰畏入之由令申之了、其後有雜談、今年（×去）。敍位之時、執筆（長定）以男共召院宮御中文、非常（×又 以）儀不審也、又入內・一加階勘文召弁仰（×仰）之歟、或召職事、而以五位藏人朝房（九條）召勘文云々、此兩條非常儀歟、弁不候之時、以職事召之歟、徒令候之處、閣弁條如何、元日節會、勸修寺大納言・別當不始之前退出、七日如然云々、希代事也（×之）、又關白云、七日節會讓內弁事、兼日相觸竹林院大納言云（×可）々、予申云、先規未承及、於當座讓之條定事歟如何、關白云、其事候、然而左府聊有申旨、當代大嘗會（曆應元年十一月）節會之時、欲讓內弁之處、面々不請取、早出之間、非無怖畏、仍（×之 間）兼日告示云々、當御代大嘗會中下官不出仕之間、無才學、誰人哉、尤不審也、又關白問予云、敍列（拜）之時、相依馳道時、揖有無爲兩說歟、所

（5張）存如何、予申云、只今分明不（不）覺悟、但相依馳道之時、不揖之由存候、又云、所存如然、今年一同揖、退（仍）時又勿論、於松殿宰相中將者不可揖之旨兼令申之間、其說勝之由返答了、而臨其期揖不審之由被言談也（×了）、此後欲歸之處、被示曰、明日息（愚）有元服事（內平、ノチノ內嗣）、代々例件夜有一級幷禁色　宣下、上卿令闕如、

敍爵竝ニ禁色宣下ノ上卿勤仕ヲ需メラルルモ之ヲ辭ス

片時令(×可)參陣乎(×之)之由被示也、只今隆持朝臣奉書於此御第令披見候、於明日者旁故障之由令申了、代〻例直敍正下五位云〻、

經通息元服參仕ノ人々

十日、今日關白息首服云〻、後聞、竹林院大納言・春宮大夫實尹、・春宮權大夫實夏、ホ云〻、委儀不存知也、就傳聞少〻注載之、竹林院着束帶、今日參萩原殿(花園法皇)之故云〻、其外直衣下結、權大夫扶(×捧)持之、彼卿者新冠叔父歟、理髮隆持朝臣、

縣召除目延引

十一日、縣召除目不被行、執筆(×大臣)無領狀之大臣云〻、左・右(道教・師平)大臣所勞、內大臣良基、不申是非左右云〻、」

踏歌節會

(6張)十六日、踏歌節會散狀追可尋入、予有故障不令參仕(×仍)也、

花園法皇ノ持明院殿御幸ニ密々供奉ス

今日法皇可有　御幸持明院殿、予可候御車寄之由、自先日　仙洞以女房奉書被仰下、一級後未申拜賀之間、難治之由申入之處、如法爲內〻儀、下北面ホ上結也、以別上結、　勅內〻可參之由、被仰下之間、申領狀了、予着直衣上結、參萩原殿、爲內〻儀之間、網代車、遣牛飼、下北面三人、基貫・康(源)兼・親(藤原)有也、皆上結也、御所御車、八葉、御下簾、

(約二行分空白)

高師直俄ニ重篤トナル

廿(×八)一日、夜前武藏守師直(高)當時武家執事云〻、依頓病及絕入云〻、洛中軍勢ホ馳集令鼓騷云〻、

(約二行分空白)

光嚴上皇御幸始延引

□□(廿六)日、自今日可被始行縣召除目、予三个夜申領狀了、執筆三公故障之間、徳大寺大納言公清卿申領狀云々、俄延引、自明後日廿八日、可被行云々、今日御幸始、同令延引云々、」

經通關白ヲ辭ス

九條道教關白宣下

(7張)廿八日、天晴、除目又延引、是依關白上表之由、有其說、但去夕關白經通公、送狀云、於除目者可參仕之由存之處、延引、有其煩、昨日已上表之由內々被示了、後聞、夜前關白　宣下左大臣、道教公、被任了、

上皇永福門院ニ御幸始アリ

今日　院御幸北山殿、(西園寺鐘子)永福門院御坐、供奉公卿、春宮權大夫實夏、指貫薄色、堅文云々、藤丸、香狩衣、三條宰相中將、實繼、薄青狩衣、緯白、文櫻立涌(×誦)、裏同色、指貫薄色、浮文藤丸、遠文、殿上人濟々焉、散狀追可注(×記)入、

北面　五位安部親憲、香狩衣、　六位五人、

召次所二人、

西京邊ニ於テ御幸ヲ見ル

御車、八葉、御直衣上皇御直衣、烏帽子、被卷御簾、予於西京邊令見物了、

除目延引、定日未聞、

(約五行分空白)」

二月

石清水八幡宮卯日神事

(8張)一日、今日八幡宮卯日神事也、仍令潔齋了(別筆)「ケツサイ歟、」(×予神事)、久我令參詣云々、

釋奠足利直義所勞ニヨリ宴座ヲ止ム

四日、丁未、天晴、今日尺奠、上卿實夏卿、春宮權大夫、(洞院)參議不參云々、爲參向春日祭忩退出之間、廟拜略之、又宴座

石清水八幡宮ニ詣ヅ

被停止云〻、是依左兵衛督(武家、)直義(足利)朝臣所勞事也云〻、

今日早旦予密〻參詣八幡、着淨衣、乘輿、共諸大夫一人、時茂、(高階)侍一人、康基、於高良相尋祝師之處、未參云〻、卽參社頭奉幣、其儀如法內〻也、敷舞殿於疊、仕丁敷之、次祝師重延(權少僧都、)法服、平袈裟、參、時茂取幣、下家司範宗代着淨衣、取繼之傳于時茂、來予前、幣三本一度ニ取具、兩段再拜、次時茂進取(給)幣、授祝師、。次於武內大明(啓白、歸祝時叩(×打)手、予密〻叩之、三度、)(幣一本、)神御前奉幣、其儀同前、次於若宮舞殿奉幣、今度二本、依加若宮殿也、次御神樂聽聞、了令下向、崇淸法印儲一獻、於眺坊致沙汰了、次下向、酉刻許也、抑今日尺奠、上卿予可參行之處、一級之後可」

昇進ノ後拜賀遂ゲザルニヨリ釋奠上卿ヲ辭ス

(9張)
申拜賀、而爲予衰日之間、令故障了、衰日拜賀例、堀川左府俊房、(源)〻〻〻土御門土御門大納言殿(中院通方)雖有其例、强不庶幾之間、不遂其節者也、

尺奠上卿春宮權大夫、實夏卿、廟拜略之云〻、」

〔中院文書五〇一號〕

(白紙)」

○本紙、紙背文書ノ接續ニ據リ此處ニ配ス、

〔史料編纂所所藏原本卷七〕

(10張)
曆應五

三月

光嚴上皇西芳寺ニ御幸アリ

七日、天晴、今日　院（光嚴上皇）御幸西芳寺、西山谷堂邊也、夢窗《ムソウ》（疎石）新建立寺也、禪院、當時武家知識、　公卿三條宰相中將、實繼、殿上人・北面ホ令供奉云々、不見及之間不能記、

足利尊氏等參入ス

武家、鎌倉大納言尊氏（足利）卿・勸修寺前大納言經顯卿・別當資明（柳原）卿、以下公卿濟々令參會云々、追可尋入、御幸楚𨋥云々、夢窗禪僧、令用意御時・點心以下云々、賢俊僧正同參會之由令風聞、後聞、翌日彼夢窗持參御引出物、唐繪以下云々、但不知實否、

足利直義病治癒シ沐浴ス醫師和氣弘景賞セラル

八日、武衞直義（足利）朝臣所勞之後、今日始沐浴云々、傳聞、少輔入道覺種（和氣弘景）致沙汰、隨分高名云々、有褒賞之沙汰歟、今度傷寒所勞也、

法守法親王灌頂ヲ受ク

十六日、天晴、風靜、今日仁和寺宮（法守法親王）御灌頂云々、予自仙洞蒙催之處、拜賀期日難遂其節、申入故障了、散狀續加之、」

康永改元記

法守法親王灌頂散狀

（包紙裏）
○正文、貼繼ガレタルモノナラン、モト折紙、

□阿闍梨一品親王［寛性、］（キ）

受者二品親王法守、

暦應五、三、十六御灌頂道場北院、

(通冬叔父)成助、
前大僧正教授、呪願、

(賢俊)法務僧正唄、

(通冬叔父)寛惠、
權僧正誦經導師、

法印權大僧都兼什

(附箋)「佛乘院」 了禪

定我

道淵

性弘護摩、

權大僧都　深順神供、

權少僧都　教意

權律師　濟什散花、

大法師　承賢讃、堂達、

康永元年三月

康永元年三月

已上、〇以下折裏、

十弟子

禪實　成昭

益隆　成運

威儀僧

公尋　隆寛

着座公卿

春宮權大夫（洞院實夏）誦經導師布施取之、

堂童子

春宮大進、同權大進、

俊冬（坊城）　泰成（高階）奉行、

布施手長

藏人左衛門、

橘以清

奉行　（附箋）「廳務也、」

相深法印

康清石清水八幡宮檢校ニ補セラル

十九日、八幡檢校被改曩淸法印、被補康淸法印云〻、崇淸法眼注進之、去夕事也云〻、

法勝寺燒亡ス

上皇法勝寺ニ御幸アリ

粟田口竝ニ山科等ニ飛火アリ

廿日、天晴、申刻許有燒亡、法勝寺塔云〻、其後金堂・講堂成灰燼、先勘解由小路佛所小路帥法印宿所火出來云〻、阿弥堂先燒失云〻、天下之重事、愁歎無極者也、彼寺白川院御願寺、於金堂者草創以後未燒失、承暦元年(十二月十八日)被供養也、上皇臨幸、供奉卿相濟〻、(×御)追可尋記、彼火飛粟田口花山院山庄、多寶塔燒云〻、又飛山階有燒亡云〻、在〻所〻飛散、頗天魔之所爲歟、(柳原)宗光朝臣爲法勝寺弁之間、着衣冠先馳向云〻、御幸儀後日尋取▨記之、春宮權大夫實夏卿供奉之間、彼返報續加之也、廟〻

燒亡ニヨリ武家公家共ニ雜訴ヲ止ム

廿一日、可馳參御所之處、有風氣不參、依法勝寺回祿事、公家・武家雜訴停止云〻、」

---

史料編纂所所藏原本卷七

(11張)○正文、貼繼ガレタルモノナラン、

通冬書狀洞院實夏勘返

如此事、自他相構無纖芥可申承候者、可爲本望候、*1

「先日承候御灌頂御次第令進候、「*2 忩可返給由申候、色衆交名一紙令注進候、「*3 兼又法勝寺回祿之時、「*4 (×事) 御幸誰〻令參候哉、裝束已下注預候者、可爲恐悅候、恐〻謹言、

三月廿五日　　通冬*5

康永元年三月

康永元年三月

＊1 (端裏ウハ書)「實夏」

＊2 態送賜之條、恐悦相兼候ツ、(×加)令書寫忩可返納候也、

＊3 同拜領了、恐悦候也、

御幸參仕ノ人々

＊4 (竹)□林院大納言(西園寺公重)白襖狩衣、烏帽子下尻、烏帽子懸、水干鞍、總鞦、舍人無之、飼口許、・春宮大夫(今出川實尹)花田狩衣、烏帽子風折、烏帽子懸、水干鞍、總鞦、狩衣舍人、・予(實夏)同前、但直垂舍人、香狩衣、・右宰相中將(實繼)香布狩衣、・持明院宰相(保有)白布狩衣、・持明院三位(家藤)薄青狩衣、結袖、烏帽子下尻、帶、以裏爲面、大概如此候と覺候、不可足指南候哉、如何□□

＊5 實夏」

法勝寺回祿注進狀

法勝寺公文注進狀

(1張)〇正文、貼繼ガレタルモノナラン、

注進　去廿日法勝寺回祿間事、

一、金堂付左右廻廊・鐘樓・經藏等、

中尊胎藏界大日如來幷脇士尺迦像令燒失畢、但中尊佛光頂上多寶塔中御本尊二躰幷同左右御手・同御膝等者奉取出之畢、藥師・寶生・無量壽佛幷僧形文殊一躰、梵天・帝尺・四天王像等者奉取出之了、但大略破損歟、

一、講堂

金剛界、尺迦三尊皆悉奉取出〇(之)了、但破損、
中尊御胸內金泥眞言陀羅尼御躰ホ奉取出之了、

京都大學附屬圖書館所藏寫本下卷

(8オ)

一、阿弥陀堂

本尊九躰丈六阿弥陀像内一體幷多聞・時〔持〕國・廣目天ホ者奉取出之畢、自餘尊像悉燒失畢、

一、九重塔婆

本尊大日如來四躰幷四佛・四天等悉奉取出之畢、梵字御鏡一面同奉取出之畢、

一、鎮守惣社

一、南大門金剛力士幷額等同燒失畢、

一、同脇門二宇

一、阿弥陀堂門二宇西面、

一、平橋

一、南面〔門〕幷西門已南築垣

已上成灰燼畢、

(8ウ)

一、五大堂但本尊等欲取出之間、破損畢、

法勝寺回祿注進狀

(2張)

一、法華堂

康永元年三月

一、北斗堂
一、藥師堂但本尊欲奉取出之間、散〻破損之、
一、圓堂付門二宇・築垣、
一、常行堂幷御所
一、西門幷五大堂門
一、同已北築垣幷北門三宇
一、前池反橋
　已上免火難無爲也、
一、塔堂一宇、自元顚倒、
一、今度寺家沙汰、
金堂・講堂・阿弥陀堂・塔婆等付南大門、御本尊燒跡檜垣構之、炎上跡訂〔釘〕金物、洪鐘之破、塔婆九輪・寶鐸以下ホ、取置常行堂御所内畢、員數不可勝計、」

---

康永改元記

(2紙)右大概加實檢、注進如件、
　暦應五年三月廿八日

「(通冬筆)法勝寺公文威儀師注進之本、尋取(×取)之、續加了、」

史料編纂所所藏原本卷七

縣召除目初夜

陣外ノ中原章有邸ニ移ル

先ヅ敍正二位ノ拜賀竝ニ著陣ヲ遂グ

諸卿著陣

執筆德大寺公清

筥文ノ列晴儀タルヤ否ヤ議アリ

公清進退谷ル

筥文ノ列雨儀ヲ用キル

(12張)

廿七日、朝間天晴、自晝程天陰、小雨時々降、自此日被始行縣召除目、仍參陣外(中原)章有宿所、着束帶、蒔繪大刀、無文帶、紺地平緒、前駈二人(高階)時茂・(源)氏基、召具之、入夜參內、此間雨滂沱、前駈擁笠、於無名門代前奏慶、於簷下奏了、中次藏人次官朝房、次着陣、先奧座ニ着、次移着端座、令敷軾、次藏人次官來軾、下吉書、予結申、次藏人次官退、次召弁、々不見云々、仍召史下之、史結申退出、次令撤軾、次予起座、(九條)德大寺大納言(公清)着陣之後、爲執筆之間在端座、予除目今暫候歟之由申之間、起座、着陣申文略之、暫堂上、此間關白(九條道教)被參、卽人々着陣奧座、執筆德大寺大納言公清卿、也、次春宮大夫、實尹卿、次洞院大納言、實夏卿、予・權中納言(正親町)公蔭卿、・綾小路宰相(庭田)重資卿、・右宰相中將(實繼)隆職卿、・四條宰相、(鷲尾)隆職卿、悉着陣、大納言予不蒙請益、依爲同官也、次頭中將(四條)隆持朝臣來、德大寺大納言仰除目事歟、其詞不聞、次頭中將退、次大納言移着端座、令着軾、次以官人召大外記、(中原)師右參軾、自今夜被行除目、諸司ニ召仰ヨ、如此仰歟、不聞、分明次召弁、々(葉室)

(13張)

▨長顯參軾仰之、次藏人(藤原)親尹來召諸卿、」執筆云、可爲雨儀之條勿論歟、然者列可爲簷下哉、面々中門下可宜歟之由申之、但其所不狹者可宜候歟、又予云、筥文列可爲晴儀之由、爲時儀之旨、奉行令申候き、然而甚雨候之上者、可爲事煩、被用晴儀之條、頗又無其詮候哉之由申之、爰執筆進退谷、若可伺申歟、只忩可被始之由、面々申之、次執筆以下起座、經中門前、進弓々▨無名門代前邊、於簷下列立、納言東上北面、但上首頗寄北、如重行、參議列進北東面也、執筆立上、揖、離列、西面立、不揖、取笏揖參上、外記歸本列之後進、次洞院大納言（春宮大夫）取笏參上、其作法如先、次洞院大納言取笏離列之時不揖、立定揖、取笏、揖參上、違于上首之所爲、存諸説（×審也）之故歟、凡取笏文説〻不同、强無勝劣歟、予取笏之作法、又同德大寺大納言、置笏御前、膝行逆行三度如例、今夜引裾、右手、着御前座、次▨次第公卿着座、次關白左大臣道公（教）、依召着御前圓座、參議平伏、次〻（執筆）參着圓座、次執筆奏闕官帳歟、程遠之間、委不及見、大概無相違歟、次繆大間、其儀不見、但繆置之所、可向于艮之處、正南北行ニ置、若有説哉、繆之時ハ雖向艮、繆了後見及ハ東ヲ上ニ南北行ニ置、尤不審也、次〻作法不見及、五位殿上人居火櫃・衝重、次勸盃、關白以下如例、春宮大夫起座、進執筆後、取盃退、次第流巡、如常、院宮御申文以下如例、及曉更之間、關白被早出、後聞、御硯蓋申文ホ、乍蓋下執筆、〻〻進退谷云〻、先例大束申文蓋ヲ返、進御所（14張）下之歟、但如法邂逅有先例云〻、不知其故、若爲失錯哉人〻傾危云〻予天明之程退出了、

勸盃

縣召除目初夜

參仕ノ人々

公卿

德大寺大納言公清卿、　春宮大夫實尹卿、　洞院大納言實守卿、

下官按察大納言、　權中納言公蔭卿、　綾小路宰相重資卿、

右宰相中將實繼卿、　四條宰相隆職卿、

少納言
長綱（東坊城）
弁　所役殿上人
長顕　惟清（平）

六位藏人親尹取申文目錄云〻、」

廿三日欲（×令）被行之處、依公卿無人延引云〻、

第二夜石清水八幡宮臨時祭

（15張）廿八日、天晴、除目第二夜也、但今夜先被行石清水臨時祭、自白晝可被始臨時祭之由有沙汰歟、予雖蒙催、持病之氣出現之間、除目刻限可參之由申入之、權中納言・春宮權大夫・中院中納言通相卿（久我）、以下令參云〻、其儀追可尋記、

諸卿著陣

除目被始之由承之間、及曉更參內、諸卿着陣、今夜關白不被參云〻、陣儀以下如例、藏人出陣、召（×仰召）諸卿、次第起座、列立無名門代前庭、殿上屏戶也、納言北上東面、參議西上北面也、次德大寺大納言立屏戶西（西）腋、南面、取硯筥參上、其作法同去夜、次下官取筥文、其作法如常、但今夜不引裾、强每度不引云〻、至春宮權大夫取筥文、次參議着座、次執筆依召着圓座、次給大間、次第作法如去夜、予以下納言皆祗

顯官擧

候、良久執筆目下官、〻〻揖起座、經簀子進執筆後、長押欤、給顯官擧申文三通、取副笏歸本座、揖置笏、見申文、次第見下之、至四條宰相委披見申文、撰定一通折止之、右宰相中將問云、難書何事候哉、（16張）濟〻難候之由申之、下官云、尤有其謂、凡八省丞申左衞門尉、不可入擧事欤、且違儀之上者、不能

左右歟、次返上申文、予披見返下之、同取傳之、令書擧、次予召男共、二音、藏人親尹參予後宰相座、硯、次退、。爲天明(×之)以後之間、不仰切燈臺事、次持參硯、置參議座前、摺墨染筆、取續紙、書擧左衞門尉姓名字、書年号月日、令忘却不書年号、春宮權大夫告之令書、書了副申文、次第取傳、予取之披見、取副笏揖起座、經簀子進執筆後、進之擧申文ホ也、退本座、次召男共令撤硯、次予早出、先之春宮權大夫以下納言ホ早出了、于時辰終許也、

第三夜延引

廿九日、今日依爲沒日、不被行入眼、可爲明夜云々、晩頭參　仙洞、申入女房退出了、今日逗留旅所、

第三夜追行

卅日、天晴、及半更參內、諸卿着陣、關白被遲參之間、數刻相待之、爲小折紙沙汰被。候仙洞、已退出于旅所云々、心氣所勞興盛之間、每度如此歟(×云々)、卯刻許、及曉天參內、其後除目被始之、陣儀幷筥文列以下儀、同

勸盃

第二夜、頃之有勸盃、執筆目」

---

康永改元記

(9紙)下官、々々揖起座、經簀子、進執筆後、▨執筆執筆(衍)授盃、予指笏取盃、退本座、置盃於前、拔笏置座左、飮之後授次人、次第流巡、良久執筆示受領擧事於予、其詞、受領擧、顧座下仰之、予卽起座、諸卿同起

受領擧

座、於小板敷召外記、仰受領擧事、將見解由書大間、年号月日下書官位姓名、或內々仰外記、令書之、懸紙封之、書片名、必自筆書之、如申文、予通字許ヲ書之、外記令用。意筆、持參也、大間ト云フハ杉原ニ國共ヲ書、其下ニ可擧人名ヲ書

之、雖爲何人、擧見解由擧之、無其難歟、各如此書了、還着御前座、強同時不着、（悉取副文於笏）次第歸着、（×不）諸卿。歸着、了後起座、
取副文於笏揖、（×筆）經箕子入執筆座間進執筆、歸座、次第如此、各一人進、了又進之也、頃之予早出了、關白先
之被早出、淸書上卿春宮權大夫也、暫起座、予於殿上（邊）雜談、

淸書上卿洞院實夏

參仕ノ人々

今夜參公卿

德大寺大納言　予　權中納言　春宮權大夫

右宰相中將　四條宰相朩也、

久我通相石淸水八幡宮臨時祭ニ於テ失ヲ犯ス

人〻相語曰、先日臨時祭時、中院中納言勸盃之時、向使着座、未見及之由示之、誠不審、爲違失歟、」

除目ニ就キ條々

（12紙）

一、今度大間縿樣、。（夜〻）無減少之儀云〻、如初夜也、鷹司邊說、第二夜ハ自初夜聊狹縿、第三夜同第
二夜也、德大寺家爲花園左府（源有仁）、無其儀候、凡如進退、一事以上（今度）洞院前右府公賢公、（×今度）被授之云〻、
前右府ハ爲鷹司說也、
一、奏闕官帳之時、硯ヨリ第三筥許ヲ、以笏。（上へ）押テ、其餘ハ以硯筥押也、此儀不違常說、
一、今夜天明（×朝）以後、關白与執筆相談事、粗聞之（×令傳）、關白云、當年給（二合）息子中文可下勘歟、執筆云、打
任說不下勘之由答之、關白爲兩說、以下勘爲慥儀歟、所詮可在所存之由被示歟、
一、今度文章得業生不任事、尤不審也、可尋記、

仁和寺ニ歸ル
院ニ於テ法勝寺回祿ニ就キ御トアリ
參仕ノ人々
賀茂祭

四月

一日、今朝歸仁和寺、今日於眞光院坊有一獻、近日可出京之間、有張行歟、窮屈之間每事亡也、

十二日、後聞、今日於仙洞就法勝寺回祿事、被行御占云〻、其儀可注取之、

(11紙)
在實(賀茂)朝臣來之間、相尋之、令注之(×也)、

曆應五、四、十二　奉行宗光(柳原)朝臣、束帶、

在弘(賀茂)朝臣布衣、(×國)　在以(賀茂)朝臣同、

在實同、　有俊(安倍)朝臣衣冠、

良宣(安倍)朝臣布衣、　親宣(安倍)朝臣同、

在諸(賀茂)同、　着殿上下侍、

法勝寺回祿事、有咎祟歟、占申、

推之、非愼御〻病事、從艮震方申口舌・兵革事歟、

(15紙)
「故一位(通冬)改元記」(端裏、別筆)

廿日、天陰雨降、及晩天屬晴、今日賀茂祭也、使信行朝臣、坊門中將、春宮使亮邦雅朝臣也、大藏卿息、(高階雅仲)彼朝臣子息權大進泰成(高階)、祖父、大藏卿雅仲欲沙汰立之處、俄有所勞事(×之)(氣)、仍以邦雅(高階)朝臣今度申任亮、令勤仕了、女使侍從中納言隆蔭(油小路)卿息女云〻、檢非違使以下追可尋記、

父通顯ト共ニ土御門油小路ノ新居ニ移ル

家領加賀國額田荘竝ニ同八田荘ノ公用ニテ買得ス

新邸ニテ吉書ヲ覽ズ

屋固

今日未刻許、「家君（中院通顯、通冬父）渡御新所、」（〇同字ヲ磨消シタル上ニ記ス、）予同車、如法密〻儀、八葉車、懸下簾、諸大夫一人（高階）時茂・侍一人康基、被召具之、件亭土御門油小路屋、（土御門面、油小路以西北頬、）故祭主二位（大中臣）蔭直卿宿所也、而讓与息女、（當時宇都宮常陸介守綱妻也、）〻〻令沽

却之間、當時便宜之所依無之、仰額田（加賀國江沼郡）・八田（同郡）兩庄雜掌、召公用被留了、於新亭覽吉書、加賀國解、其儀如例、下家司範宗代範康參、其儀如例、政所令・別當加署返下之、移徙之儀、每事略之、及晩聊有盃酌事、內〻於簾中有其沙汰、無爲無事祝着無極者也、屋固事、前陰陽頭安倍國弘衣冠、去夜致其沙汰云〻、

移徙札ヲ打ツ

仰賀茂在實令打移徙之札、今度事所司秀經每事奉行、令感激者也、」

（7紙）

廿一日、天晴、今日國弘來、家君御對面、予同對面、其後有盃酌事、

廿二日、天晴、至今日爲祝着、有盃酌事、

甘露寺藤長來ル

廿三日、自夜前今日權左中弁（甘露寺）藤長朝臣來、着束帶、予對面、今日爲吉書奏參陣、而禁中無人間、先退出之由示之、暫言談、德大寺大納言（公清）令候奏云〻、

中原章世來ル

坂上明成來ル

廿四日、天晴、今日官人（中原）章世參、予對面、申刻許官人（坂上）明成參、只今自文殿退出云〻、予對面、

散所法師來リ庭ヲ掃除ス

廿五日、散所法師原參、令掃除庭上、

中原秀清來ル

改元定參仕ヲ仰セラル

今日官人（中原）秀清參、家君御對面、及晩頭御教書到來、明後日改元定可參陣之由、爲藏人學士兼綱（勘解由小路）奉行、蒙催之間、申領狀了、

改元定

廿七日、雨降、今日改元定也、入夜參內、駕毛車、着束帶、蒔繪大刀、無文帶、前駈一人召具之、關白（九條道教）可爲上卿

上卿徳大寺公清

年號勘文ヲ下サル

諸卿定メ申ス

之由、有其聞、然而依所労不被參云々、參陣公卿、徳大寺大納言以下也、徳大寺着奥座、行事春宮權（洞院實夏）大夫依座狹着端座、上卿命也、」（8紙）奉行職事隆持（四條）朝臣兼日奉行兼綱也、來徳大寺大納言座、下年号勘文、三通、今度不及別勘文沙汰、職事仰可定申之由歟、次職事退、次第見下之、其儀、結紙捻引延、披懸紙、紙捻ヲ横ニ引延、當懸紙也、其儀如何押遣勘文於右方、取一通、隨見了置左、如元卷懸紙結々緒、片鎰、授次人、次第如此、欲取文之時、先氣色于次人取之也、至四條宰相（鷲尾隆職）讀見了後、上卿示可讀申之由、卽讀之、如元卷籠、次上卿示可發言之旨、四條宰相申云、爲初▨仗議爲初度參問難治之由（由）申之、上卿有其例之上者、可讀紙可定申旨示之、次四條宰相定申云、式部大輔菅原（長員）朝臣、文章博士在淳（菅原）・行親（紀）ホ朝臣（×朝臣）勘申年号字事、康永・康長之間可被用哉、其後定申、上首ホ大略年号字事ト許申之、各定申了、○上卿以官人招職事隆持朝臣、彼朝臣來上卿座下、其後面々重可被申之由示之、面々定了、職事歸參御所、

德大寺大納言公清卿、　康永　寛裕

竹林院大納言公重（西園寺）卿、　康永　正長

予于時按察大納言、　康永

春宮大夫實夏卿、　康永

（14紙）

六條宰相中將有光卿、　正長　寛裕

難陳

滋野井、
藤宰相中將公尚卿、　正長　文長
四條宰相隆職卿、　康永　康長

正長ニ難アル旨ヲ申ス

職事歸出之後、可一決之由被仰之、面〻有所存者可申之旨、上卿德大寺頻示之、面〻閉口、仍予雖
爲出物、聊申難字ホ、於正長者劉正長晉書傳五十一、（遐）劉正長壯遇天下「大」（補書）乱之由所見候、不可被用候哉、面
候者不可有苦之由申之、予答云、若爲三字廣平易
〻其外難申字事（×之）、六條宰相中將問予云、劉正長若三字〇下文ニ抹消漏レアルカ、名候哉、予答云、劉遐字正長、。如〻
者、雖有一義、似陽人也、

康ノ字ノ是非ヲ論ズ

此候之由申之、。宰相中將其後不及陳答、藤宰相中將難康字、穀之不登釋候歟、曲禮文分明云〻、四條宰相依初參閉口、而上
卿頻示（×可）可申所存之由、仍此時申歎字与康爲各別歟、如曲禮歎字作ヲ略書康歟、雖唐書如然事有之、
如玉篇分明爲別字、歎穀。之不登云〻、其後陳答、▨無所據只康字惡之由申之（×也）、不答其故、六條宰相中將、
康永反音字惡〇下約五字分空白アリ、「惡」字ト共ニ塗抹セラル、不宜歟、難被用之由頻申所存、春宮權大夫、以此勘文中可被撰者、先
就字面之宜可有沙汰乎、古來强無反音之沙汰歟、其後四條宰相与六條宰相中將問答反音字事、四
（1紙）
條宰相被閣字面之難有無、先有反音之沙汰、」可賞反音事候哉之由申之、六條宰相中將强不執申、

暦應ヲ改メ康永ト爲ス

只爲惡字之間申之由答之、爰頭中將隆持朝臣歸出、仰云、改暦應五年爲康永元年、令作詔書、其後
公卿ホ面〻退出、德大寺大納言揖起座、行詔書幷赦事歟、其儀不見及、于時退出卯刻許也、」

京都大學附屬圖書館所藏寫本下卷

菅原長員年號勘文

（16オ）勘申

年号事、

長養

老子曰、長而不宰、河上公曰、道長養萬物、不宰割以爲和用〔器〕、

寛裕

尙書注曰、天下被寛裕之政、則我民無遠用來、

右依　宣旨勘申如件、

曆應五年四月　日

正三位行式部大輔菅原朝臣長員

○師守記引用ノ同勘文ハ、日付ヲ二十五日ト記シ、公尙卿記引用ノ同勘文ハ、二十四日ト記ス、

菅原在淳年號勘文

勘申

年號事、

（16ウ）康安

春秋緯曰、湯理七十、內懷聖明、知第在己、宋均曰、有聖明之德、故知己應錄〔曆〕第、當代之康安也、

應安

毛詩正義曰、王國之內、幸應安定、

康長

漢武內傳曰、天氣康和、長養万物、

文長

晉書曰、神璽出於江寧、其文曰、長壽万年、

安永

唐紀曰、可保安社稷、〔永脱〕奉宗祧、

右依　宣旨勘申如件、

暦應五年四月　日　　治部卿正四位下兼行文章博士越後權介菅原朝臣在淳

○師守記竝ニ公尚卿記引用ノ同勘文ハ、日付ヲ二十五日ト記ス、

(17オ)

紀行親年號勘文

勘申

年號事、

康永

漢書曰、海內康平、永保國家、唐韻曰、○公尚卿記引用ノ同勘文ハ、「唐韻曰」ヲ「宋韻曰」トシ、續テ「寧至曰、康永長也、」ト記ス、

康文

後漢書曰、唐虞以股肱康、文王以多士寧、

正長

貞觀政要曰、太宗曰、古來帝王、以仁義爲治者、國祚正長、〇公尚卿記引用ノ同勘文ハ、前ニ「禮記正義曰、在位之君子、威儀不有差忒、可以正長是四方之國、」ト記ス、

右依　宣旨勘申如件、

曆應五年四月　日　　從四位上行文章博士紀朝臣行親

〇師守記引用ノ同勘文ハ、日付ヲ二十五日ト記ス、

---

## 康永改元記

改元詔

（10紙）

詔、式觀元始、眇稽前脩、羲文垂象、井道之義聿著、孝武開基、漢室之風永傳、是以經天緯地之君、膺籙受圖之主、或依祥瑞而建元、或除災變改號者也、朕謬以庸瑣〔項〕纂承洪緒、世治未致、送夏曆欲七廻、寒心無聊、履春氷臨萬仞、德之惟薄也、不聞慶雲壽星之奏、譴之至重也、荐有天變地妖之誡、況亦去春以降、瘴煙屢起、都鄙多懊惱、人庶間夭折、併眇身之咎徵也、黔首有何辜哉、晨夕兢惕、寤寐惻隱、宜易草氓之聽、以緩梧囚之法、其改曆應五年爲康永元年、大赦天下、今日昧爽以前、大辟以下、罪無輕重、已發覺未發覺、已結正未結正、咸皆赦除、但犯八逆・故殺・謀殺・私鑄錢・强竊二盜、常赦所不免者、不在赦限、又復天下今年半徭、老人及僧尼、年百歳已上給穀人別四斛、九十已上三斛、八十已

上二斛、七十已上一斛、庶施恩波於海内、將扇薫風於民間、普告遐邇、俾知朕意、主者施行、

康永元年四月廿七日 」

花山院家定沒ス

(3紙)廿九日、傳聞、花山院入道右府家定(×平)公、昨日廿八日、曉令薨去云々、年六十、仍今日遣使者於花大納言長定卿、許了、時茂遣之、

五月

永福門院崩ズ

七日、天晴、永福門院(西園寺鏱子)崩御云々、自仙洞(光嚴上皇)被進　勅書於家君(中院通顯、通冬父)、通冬御輿寄參事被仰下(×申)、然而此間持病更發之間、惘然平臥、仍難叶之由、被申御返事、勅書續加之、

交野五座神人ト細川顯氏ニ相論アリ

八幡交(×五)野(河内國交野郡)五座神人与河内國守護細川(顯氏)兵部少輔有相論事、閉籠社頭、及神輿動坐云々、 」

---

中院文書五〇三號

○正文、貼繼ガレタルモノナラン、

光嚴上皇自筆書狀

(端裏書)「勅□□□五、七」

(端裏切封墨引)

其後良久不申承、事々蒙鬱候、被移住京宿所候畢、乍惣別近候、旁悦覺候、兼又永福門院自去年御惱、御心苦躰御坐候しか、此間御增氣時候間、令拜見候き、御(×凡)窮屈躰至極候、歎入候處、只今」

〔中院通冬記裏書文書〕
密々永福門院ヲ輿ニテ岩倉ニ渡スベシ

(80オ)(80ウ)御終焉之由承及候、迷惑更無申」計候〻〻〻、今夕密〻以御輿可渡御岩藏候、御輿寄人自是可催進候、而さりぬへき輩、面〻或可被憚子細ホ候、或又難去故障候て、已催盡候、仰天無極候、通冬卿令參仕候哉、堅固最密之儀候也、布衣なと勿論〻〻候、又不可及行粧沙汰候、只自北山殿參會岩藏之外、不可有別事候、卒爾定難」(81オ)治欤之由、返〻察思給候へとも、皆以催盡候事、又不可有延引候、眞實〻〻仰天周章候、例定。(殊此御事なとは)ホ閑候はしと遣愚意候間、きと〳〵令申候、相構〻〻令參候者、可爲惣別之忠候、必〻可被沙汰進候也、

〔京都大學附屬圖書館所藏寫本下卷〕
院竝ニ內裏ニ參ル
花園法皇ニ永福門院ノ崩ニ就キ申入ル
雜訴ヲ止メラル

(20オ)十三日、參　仙洞・禁裏ホ、主上(光明天皇)御對面、其後參萩原殿、法皇(花園)御對面、永福門院御事ホ申入之、暫有御雜談、改元定事有御尋、申入了、雜訴三七日被停止云〻、今日歸參御室御所畢、

〔史料編纂所所藏原本卷七〕
詔
九條道教ヲ關白ト爲ス

(17張)十六日、今日詔書兩通到來、加署書遣之了、今夕詔書覆奏云〻、令書寫之、」

(18張)(端裏書)「六月二十六日交給了、」

詔、雖爲舜・禹・湯・武之明主、猶任禝(姬棄)・契(子契)・伊(伊摯)・呂(呂尚)之賢佐者也、朕以寡德、忝承洪緒五日之風、難扇仁化於柳塞之外、十旬之雨未豐惠澤於草氓之中、唯賴良弼(輔)之轉導、旁期庶績之雍熙、左大臣藤原朝臣(九條道教)

官居槐宇之左、材出蕭曹之右乎、仍尋累門之嘉摸、授大麓之崇名、夫萬機巨細、百官惣已皆先關白、然後奏下、一如舊典、更追博陸侯之風采、宜匡余一人之朝事、布告遐邇俾知朕意、主者施行、

曆應五年正月廿七日

右大史正六位上兼行中務丞少内記安倍朝臣盛宣宣奉行

關白左大臣正二位藤原朝臣

(鷹司師平)右大臣 〻〻

(二條良基)内大臣 〻〻

正二位行大納言兼右近衞大將藤原朝臣(三條實忠)

(19張)

正二位行權大納言藤原朝臣(大炊御門冬信)

正二位行權大納言藤原朝臣(德大寺公清)

〻〻

〻〻

通冬加署ス

正二位行權大納言兼陸奥出羽按察使源朝臣通冬

〻〻

〻〻

康永元年五月

｜｜」

(20張)｜｜

参議従三位藤原(鷲尾隆職)朝臣　等言、

詔書如(右脱カ)請奉

詔付外施行、謹言、

康永元年五月十八日

改元詔、同(同)今日廻覧、於文書者先寫取之間、不令書寫、其外年号・奥書様、不相違之間、別不寫之、

○四月二十七日條ニ掲グ、参議良忠(二條)卿二位宰相中將、許加署名字也、予加署返遣了、」

---

康永改元記

上皇萩原殿ニ御幸アリ御車寄ニ参ル

(4紙)十七日、御幸萩原殿、予参御車寄、直衣上結、如法密〻儀也、殿上人隆持(四條)朝臣一人也、北面奉連(豊原)・康(源)守、召次・御牛飼ホ、皆着直垂、予有所労之氣之間、不参還御、

永福門院ノ遺令ヲ奏ス

廿六日、今日令〇奏永福門院御遺令事、其儀可尋記、上卿松殿中納言忠冬卿、参行、相尋外記師右(中原)之處、

廢朝

依永福門院御事廢朝、三个日、可停音奏・警蹕事云〻、

久我八講ニ参ル

(5紙)廿七日、今日久我八講、予爲着座向春日第、下官着束帯、駕毛車、前駈一人時茂(高階)、召」具之、於中門下、

予解劍、令持笏、卽着公卿座、頃之前相國（久我長通）冠直衣、出座、中納言（久我）通相卿、同着座、事始公卿着座、前相國着東座、前官座也、予・中納言着西、西斜許予欲早出、諸大夫出逢留之、其後頃之密〻有盃酌、秉燭歸家、八講儀以下如去年、」

（6紙）○正文、貼繼ガレタルモノナラン、モト折紙、

久我八講參仕僧交名

僧名

寺、房仙法印
興、範縁法印
山、隆曉大僧都
山、心榮大僧都
寺、房智僧都
寺、成觀律師
興、範忠得業
山、公助大法師」

開闢竝ニ解陣

（13紙）卅日、今夜開闢・解陣也、去廿六日被仰固關・警固了、代〻例可爲三个日之處、廿八日依爲復日、延引依如此障、五个日也、且又爲五个日之例多之歟、近者正應五年九月十八日開闢・解陣、上卿故內大臣殿（中院通重、通冬祖父）于時中宮大夫、

上卿ヲ勤仕ス

去十四日被仰固關・警固云〻、是依大宮女院（藤原姞子、正應五年九月五日崩）御事也、戌一點着陣、職事頭右中將隆持朝臣來、仰云、令開三關、解陣ヨ、予微唯、次職事退、予移端座令敷軾、次以官人召右少弁、〻〻▨右少弁長顯（葉室）來軾、予仰云、仰國司可令開三關ヨ（マヽ）・（〆之由）、次弁退、次解陣儀、召外記召內豎、〻〻參令召諸衞、次將監藏人、親尹（藤原）參小庭、次將〻不參也、予問云、誰ソ、名謁、次仰云、・陣解、次將監退、次召官人令撤軾退出、六位外記師躬（中原）・史盛宣參陣也、

---

京都大學附屬圖書館所藏寫本下卷

造酒司ヨリ醴酒ヲ送ラル
光嚴上皇六條殿ニ御幸アリ
御車寄ニ參ル
長講堂供花

（23オ）

六月

一日、造酒司送醴酒、入土瓶、紙ヲ女（如）絹裹之給也、祿物也、雜紙三帖、以杉原立文也、

十三日、朝間天晴、小雨灑、今日御幸（光嚴上皇）六條殿、予參御車寄、直衣上結、去月供花延引、自今日被始行、自去夜可幸之由、催被仰之、而儀（俄）今朝之由被仰之了、仍如法未明也、今日御幸每度被刷歟、無其儀之時、蜜〻夜前有御幸也、予則候御簾、夕座同候之、御素服、心喪也、上下花田御直衣、被下御紶、御幸之時、白御小直衣、御上結、同御素服也、予於局着直衣下結、

十四日、今日御簾、同朝夕勤仕、入夜退出、自昨日令祗候也、

上皇還御アリ

（23ウ）

廿日、自六條殿還御云〻、連〻御簾闕女（如）之時參候畢、不能記、

（約十一行分空白）

# （東京大學史料編纂所所藏中院一品記卷七紙背文書）

○本文書、闕損スル箇所多シ、京都大學附屬圖書館所藏中院通冬記裏書文書（符號㋒）ヲ以テ補フ、

（2ウ）

猶々敍位相構々々可〔有〕御參候歟、

改年吉慶自他不可有盡期候之處、芳札之趣、殊以祝着候、

抑敍位執筆已欲闕如、相構可有御參勤候、事〔与〕心參差之條、當時之習一向此儀候歟、察中候、兼又

（1ウ）

敍」位候、必可［㋒參內之由相存候也、」］謹言、

正［㋒月二日］（康永元年）　［㋒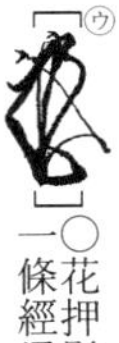］○花押影、一條經通

（切封墨引）

○二張紙背ニ四張紙背ノ墨映アリ、一張紙背ハ相剝ギセラル、通冬敍位執筆ヲ仰セラルル事、康永元年正月一日條ニ見ユ、

---

（3ウ）

敍位御中文事、廳（崇明門院廳）成上候歟、任例可被下御封候哉、資顯（安倍）誠恐謹言、

正月五日（康永元年）　資顯上

三條坊門殿（通冬）

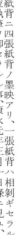

○安倍資顯ヨリ崇明門院當年給申文ノ到來セル事、康永元年正月五日條ニ見ユ、

---

(4ウ)
四方拜可令候御簾給之由、
院(光嚴上皇)御氣色所候也、仍言上如件(平)、親名恐惶謹言、
十二月廿一日　親名
進上　按察(通冬)大納言殿
○二張紙背ノ墨映アリ、

---

(5ウ)
夕郎慶賀事(暦應四年十二月二十二日、正親町忠季補藏人頭)、朝奬之至、自愛無極候之處、故最前披貴札、弥添氣味候、他事併期參上之時候也、誠恐謹言、
(暦應四年)十二月廿五日　左權中將忠季請文

---

(6ウ)
敍位議執筆事、左府(九條道教)・右府(鷹司師平)・內府(二條良基)皆以申子細候、仍眞實及闕如候、夜陰事候之上者、猶必可有御存知候之由、別重被仰下候也、誠恐謹言、
(康永元年)正月一日　隆持(四條)

三條坊門殿

○通冬敍位執筆ヲ仰セラルル事、康永元年正月一日條ニ見ユ、

---

（7ウ）

（暦應四年十二月二十二日、鷲尾隆職）
八座昇進事、

右以斗筲之器拜諫議之職、已是有犬羊之質、帶虎豹之文者哉、而今披玉章弥增戰慄、恐惶謹言、

（暦應四年）
十二月廿四日　參議隆職

---

（10ウ）三陽之初律、一天之吉慶、兆民歌樂、君臣祝着、幸甚〻〻、抑敍位執筆事、三公出仕不定之由承候、

（8ウ）隨而御上首亞相ホ又同前候歟之旨、其聞候之間、御懃仕勿論候哉之由、先日於御前申入候き、」御懃仕候者、尤珍重候歟、枉只可有御存知候也、今年出仕人候歟、被申子細候哉、頗無念事候歟、如何、

謹言、

（康永元年）
正月二日　　○洞院公賢

（切封墨引）

---

○通冬敍位執筆ヲ仰セラルル事、康永元年正月一日條ニ見ユ、

○九張紙背ハ京都大學總合博物館所藏中院一品記斷簡(中院文書五〇一號)紙背トモト一紙ナリ、故ニ之ト併セテ後ニ揭グ、

(15ウ)萬春之始、一天之慶、逐日重疊、每事如所存祝着候、自他幸甚〻〻、敍位執筆事、神木在洛之間者、(12ウ)先〻も藤氏輩籠居之間、末さま懃仕事も候歟、而今」三公ホ無相違之時分、爲最末亞相御懃仕候者、尤可爲後代之美談候、少〻御故障も夜陰事候、何も可令相隨給候歟之由存候、如何、事〻期後信候、恐〻謹言、

(康永元年)
正月二日　公賢

○十二張紙背ニ十張紙背ノ墨映アリ、通冬敍位執筆ヲ仰セラルル事、康永元年正月一日條ニ見ユ、

(13ウ)敍位議可令參仕給者、依
(光明天皇)
天氣言上如件、
(曆應四年)
十二月廿八日　右權中將隆持
進上　按察大納言殿
」
(14ウ)
追言上、
執筆事、同可有御存知之由、其沙汰候也、

○宿紙、通冬敍位執筆ヲ仰セラルル事、康永元年正月一日條ニ見ユ、十六張紙背ハ相剝ギニヨリ墨痕ノミ見ユ、

（17ウ）

（白紙）

○十七張紙背ハ白紙ナルモ、國立公文書館所藏康永改元記ノ三紙紙背・一紙紙背ノ墨映アリ、

（18ウ）

御札之旨悦承候了、彼御粉骨返〻察申候〻〻、御勞も候て、御心苦候欤、
除目延引事、つや〳〵無才學候、但納言初任人未定候やらんと推量候し、さ様事にてやらん、承仰
尤察申候、只〻雖□□□□○後紙闕ク、

（20ウ）（19ウ）

明日可有御着陣之由、」謹奉候畢、早可加下知候、師右（中原）誠恐謹言、
（暦應三年）十二月九日
大外記中原師右請□〔文〕

○十九張紙背ニ墨映アリ、通冬任按察使ノ著陣ヲ遂グル事、暦應三年十二月十日條ニ見ユ、

# （京都大學總合博物館所藏中院一品記斷簡紙背文書）

○中院文書五〇一號、後半部ハ、東京大學史料編纂所所藏
中院一品記卷七紙背文書ナリ、今此處ニ併セテ收載ス、

元三御藥可令參仕給之由、
院（光嚴上皇）御氣色所候也、仍執達如件、
十二月十三日　　權大納言經顯（勸修寺）
」
（9ウ）
謹上　按察（通冬）大納言殿

○東京大學史料編纂所所藏中院一
品記卷七ノ五張紙背ノ墨映アリ、

---

○中院文書
四九九號、

轉任事（曆應四年十二月十二日、甘露寺藤長轉左中辨）、不積勞績、不經暮月、再三　朝恩、雖拾累舊之遺美、遠恐不佞之有餘、故拜賀章、弥添踏舞
而已、早可令參謝候、藤長（甘露寺）恐惶謹言、
□□

○奥下端ニ「合」
字アリ、

# (國立公文書館所藏康永改元記紙背文書)

○本記紙背ハ闕損スル箇所多シ、京都大學附屬圖書館所藏中院通冬記裏書文書(符號㋒)ヲ以テ補フ、

(7ウ)

三个夜㋒[之參會、雖悅存候、不能心事之條、遺恨候、夜〻誠旁可述心緒事候、可期何日候乎、]
恩㋒[問之旨、悅存候了、除目執筆參懃事、未練末學、不能左右候之間、]非無斟㋒[酌候つ、]然而㋒[勅
喚畏存候之餘、不顧其恐、如形點]圓座㋒[候了、]違㋒[失繁多候歟之由存候之間、恐怖候之處、就今仰、
聊安堵仕了、慇懃]示㋒[預候之條、恐悅不知所謝候、一日以便宜、心閑可申承候、恐〻謹言、]

(康永元年)四月十四日　㋒[公](德大寺)清

○十二紙紙背ニ續クモ接續部分判然トセズ、德大寺公清縣召除目執筆ヲ勤仕スル事、康永元年三月二十七日條以下ニ見ユ、

---

(14ウ)

㋒[圓覺寺(相模國鎌倉郡)新命事、目出承候き、五山大略被經歷之條、併道徒之故候歟、／禪師号事、猶不中立(嵩山居中カ)
候之條、尤無念、殊懸心候、]

其㋒[後何ホ御事候哉、蒙鬱候、除目自明日必定候歟、夜〻儀被御覽及事候者、相構大概聊可注預候、

自由申狀雖」爲「(ウ)恐候、今度之儀、殊不審存候間、無何如此申候、抑法勝寺回祿、」佛法「(ウ)衰微、言語道
斷事候歟、每事非面者難盡候、謹言、
(康永元年)(六)三月廿八日　○花押影、一條經通

(通冬)按察大納言殿」

○八紙紙背ニ續クモ接續部分判然トセズ、縣召除目ノ事、康永元年三月二十七日條以下ニ、法勝寺燒失ノ事、同月二十日條ニ見ユ、

---

(3ウ)「(ウ)昨日御札、欲參所〻候之間、不申愚」報「(ウ)候き、」爲「(ウ)恐候、」抑「(ウ)敍位執筆事、」先可「(ウ)有御參之」條、目
(1ウ)出候、「(ウ)卽昨日令」」奏「(ウ)聞候了、但」竹林院(西園寺公重)・「(ウ)花山院(長定)兩大納言同申領狀候、」所詮「(キ)可被」仰「(ウ)上首歟、
將又可」就「(ウ)未役歟、未治定候、」」重可申候、謹言、
(康永元年)正月四日　○一條經通

○「重」字以下ハ、東京大學史料編纂所所藏中院一品記卷七ノ十七張紙背ニ墨映ノミアリ、通冬敍位執筆ヲ勤仕スル事、康永元年正月五日條ニ見ユ、

---

(10ウ)慶賀「(ウ)事、相當三陽之初節、令浴一級之恩化之條、　朝獎之至、自愛之處、故披賀章、弥增氣味候、恐
惶謹拜、」○後闕、

# （京都大學附屬圖書館所藏中院通冬記裏書文書）

○康永元年春夏記ノ紙背文書ト推定セラルルモノヲ掲グ、

（75オ）
三井庄（丹波國氷上郡）事、所詮今明之間、可所（申）存候也、併察存候也、謹言、

暦應三
五月十四日  ○花押影、一條經通

○三井莊ノ事、暦應三年七月一日條ニ見ユ、

---

（80オ）
一夜參會恐悦之至、從是可申之旨存候之處、遮披芳札候、尤承悦候〻〻〻、如示給候、代〻申通之

（80ウ）
次第、自」他更不可忘候歟、向後殊可存其旨候、心事千万、猶期後信候、恐〻謹言、

三月廿九日 實守（洞院）

---

（80ウ）
祝言指合雖事舊候、日新重疊、幸甚〻〻、更不可有盡期候歟、連〻芳問、又祝着候也、
抑敍位執筆事、愚意分先〻申候き、而昨日承候へは三人（西園寺公重、花山院長定、通冬）領状出□□□由○後闕、

○通冬敍位執筆ヲ勤仕スル事、康永元年正月五日條ニ見ユ、

大日本古記録 中院一品記 上

2018年6月26日 第1刷発行

編纂者 東京大学史料編纂所

発行者 岡本 厚

発行所 株式会社 岩波書店
〒101-8002 東京都千代田区一ツ橋2-5-5
電話案内 03-5210-4000
http://www.iwanami.co.jp/

印刷・精興社 製本・松岳社 函・加藤製函所


ISBN978-4-00-009985-1 Printed in Japan